떼었다 붙였다 하면서 즐기는 종이놀이 도안집 2탄
소워니놀이터의 띠부띠부 직업놀이

초판 36쇄 발행	2025년 10월 30일
초 판 발 행	2022년 01월 20일
발 행 인	박영일
책 임 편 집	이해욱
저　　　자	조윤성
편 집 진 행	황규빈
표 지 디 자 인	김도연
편 집 디 자 인	김지현
발 행 처	시대인
공 급 처	(주)시대고시기획
출 판 등 록	제 10-1521호
주　　　소	서울시 마포구 큰우물로 75 [도화동 538 성지 B/D] 9F
전　　　화	1600-3600
홈 페 이 지	www.sdedu.co.kr

I S B N	979-11-383-1452-7(13630)
정　　　가	20,000원

※이 책은 저작권법에 의해 보호를 받는 저작물이므로, 동영상 제작 및 무단전재와 복제, 상업적 이용을 금합니다.
※이 책의 전부 또는 일부 내용을 이용하려면 반드시 저작권자와 (주)시대고시기획 · 시대인의 동의를 받아야 합니다.
※잘못된 책은 구입하신 서점에서 바꾸어 드립니다.

시대인은 종합교육그룹 (주)시대고시기획 · 시대교육의 단행본 브랜드입니다.

prologue

안녕하세요. 소워니놀이터의 소워니, 시워니 엄마입니다.

2021년 9월에 첫 번째 책을 출간하고 3개월 만에 두 번째 책을 출간하여 이렇게 또다시 인사를 드리네요. 이런 상황이 너무 신기하기도 즐겁기도 하지만, 역시 감사한 마음이 가장 큰 것 같아요. 엄마가 만들어주는 종이놀이를 즐겁게 가지고 놀아주는 아이들과 '소워니놀이터'의 영상과 도안을 사랑해주시는 모든 분들께 감사의 인사를 전합니다.

소워니놀이터 시리즈 2탄, 〈소워니놀이터의 띠부띠부 직업놀이〉는 아이들이 좋아하는 직업으로 구성했어요. 1탄과 마찬가지로 아이들이 즐겁게 놀면서 동시에 배우는 것이 있도록 다양한 요소를 넣었답니다.

첫 번째는 '다양한 직업 이해하기'예요.

총 10가지의 직업에 대해 역할놀이를 하면서 간접적으로 직업 체험을 하다 보면 다양한 직업을 보다 쉽게 이해할 수 있어요. 1탄과 비교해 캐릭터도 많아져서 해당 직업 외에 범인, 환자, 학생 등 다양한 역할을 할 수도 있고요. 경찰차, 구급차, 소방차 등 직업을 대표하는 자동차도 있어서 더욱 몰입해서 놀이할 수 있어요. 놀이를 하다 보면 특정 직업에 대해 호기심이 생길 수 있는데, 이럴 때는 엄마 아빠의 힘이 필요해요. 아이가 궁금해하는 직업에 대해 조금 더 상세하게 알려준다면 아이들이 장래희망에 대한 멋진 꿈을 키워갈 수 있을 거예요.

두 번째는 '스스로 정리하기'예요.

소워니놀이터 시리즈의 특징은 종이를 떼었다 붙였다 하면서 놀 수 있다는 것인데요. 종이놀이가 끝나면 가지고 놀았던 종이 소품들을 도안책에 붙여 정리할 수 있어요. 특히 이번에는 도안책 안에 옷과 소품을 정리하는 페이지를 따로 만들어 두었는데요. 그래서 더욱 수월하게 정리할 수 있음은 물론 소품을 잃어버릴 일도 없어요.

세 번째는 '소근육 발달'이에요.

아이들에게 소근육 발달은 아주 중요해요. 소근육은 다른 발달의 기본이 되기도 하지만, 눈으로 보고 손으로 만지는 과정을 통해 뇌를 발달시킬 수 있어요. 그런 면에서 종이놀이는 더할 나위 없는 놀이랍니다. 도안을 오리고, 조립하고, 가지고 놀면서 아이들의 소근육을 발달시켜 주세요. 물론 아이가 직접 오리고 조립하는 과정이 쉽지는 않을 거예요. 하지만 아이가 어려워하는 부분만 엄마가 도와주고 쉬운 부분은 아이가 직접 만들 수 있도록 칭찬하고 격려해주면 소근육 발달과 더불어 만족도와 성취감도 배울 수 있을 거예요.

〈소워니놀이터의 띠부띠부 직업놀이〉는 코팅하고, 오리고, 붙이면 완성되기 때문에 손재주가 없는 분이나 아이들도 쉽게 따라 만들 수 있어요. 만드는 과정과 반비례로 일러스트는 아주 섬세하게 그렸으니 더욱 생동감 있는 놀이를 즐겨보세요. 10가지의 직업놀이와 10종의 컬러링 도안으로 아이들이 멋진 미래를 꿈꿀 수 있도록 응원해주세요.

소워니놀이터_조윤성

프롤로그

PART 1
띠부띠부 직업놀이 준비하기

01. 도구&재료 소개 및 사용법 /8
+ 도안 코팅하기 : 코팅기계(+ 코팅지), 손코팅지, 투명 박스테이프
+ 도안 붙였다 뗐다 하기 : 투명 양면테이프, 종이 양면테이프
+ 도안 오리기 : 가위, 칼, 커팅매트
+ 도안 조립하기 : 얇은 투명테이프(+ 물레방아 커터기), 마스크(끈)

02. 도안 만들기 기호 /13

03. 띠부띠부 직업놀이 준비하기 /14
+ 캐릭터 보관책

PART 2
띠부띠부 직업놀이 튜토리얼

도둑을 잡고 사람들을 지켜요!
경찰관 /18

매서운 불과 맞서 싸워요!
소방관 /22

아픈 사람을 낫게 해줘요!
의사&간호사 / 26

동물들의 엄마 아빠가 돼요!
사육사 / 30

귀여운 아기들을 돌봐요!
어린이집 선생님 / 34

학생들에게 공부를 가르쳐요!
학교 선생님 / 38

불가능한 일을 가능하게 해요!
마술사 / 42

강아지를 너무 사랑해요!
애견 미용사 / 46

맛있는 음식을 정성껏 만들어요!
요리사 / 50

화려한 무대에서 노래해요!
아이돌 / 54

PART 3
띠부띠부 직업놀이 컬러링 도안 / 61

PART 4
띠부띠부 직업놀이 도안 / 83

PART 1

띠부띠부 직업놀이
준비하기

띠부띠부 직업놀이를 시작하기 전에 미리 준비해요. 필요한 도구와 재료는 어떤 것이 있고, 어떻게 사용해야 하는지 알려드릴게요. 어려운 부분은 없으니까 가볍게 읽으면서 방법을 익혀보세요.

도구&재료 소개 및 사용법

띠부띠부 직업놀이를 시작하기 전에 도안을 만들 때 사용하는 도구와 재료를 알아봐요. 주변에서 쉽게 구할 수 있는 도구와 재료지만 한 번 더 꼼꼼하게 확인해보세요!

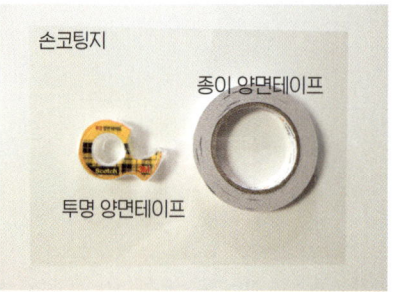
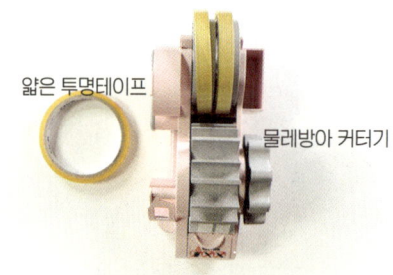

🚨 도안 코팅하기

코팅기계(+ 코팅지), 손코팅지, 투명 박스테이프

띠부띠부 직업놀이에 없어서는 안 되는 재료 중 하나가 바로 코팅지예요. 도안을 양면으로 코팅하면 붙였다 떼었다 하는 것이 자유로워 직업놀이를 훨씬 재미있게 할 수 있고, 잘 구겨지거나 찢어지지 않아 튼튼하게 오랫동안 가지고 놀 수 있어요. 코팅할 수 있는 도구와 재료는 크게 세 가지인데요. 본인의 상황에 맞게 선택해서 만들어보세요.

1. 코팅기계(+ 코팅지)

책에서는 사용하지 않았지만, '코팅'이라고 하면 가장 먼저 생각나는 도구예요. 도안을 코팅지 사이에 끼우고 예열된 기계에 넣어 통과시키면, 코팅기계가 코팅지에 열을 가해 앞뒤로 붙여주어 쉽고 깔끔하게 코팅할 수 있어요.

+ 장점 : 양면을 한 번에 코팅해서 깔끔하고 빨라요.
− 단점 : 코팅기계가 없다면 따로 구매해야 하므로 금전적인 부담이 있어요.

2. 손코팅지

이름 그대로 손으로 코팅을 할 수 있는 재료예요. 손코팅지는 한쪽 면에는 접착력이 있고 다른 한쪽 면은 비닐로 되어있어 한쪽 면만 코팅이 되기 때문에, **도안 1장을 양면 코팅하려면 손코팅지 2장이 필요해요.** 먼저 코팅지의 비닐을 떼어내고 접착력이 있는 면에 도안을 붙인 다음 손이나 천으로 슥슥 문질러요. 반대쪽도 같은 방법으로 붙이면 손쉽게 양면 코팅을 할 수 있어요.

+ 장점 : 코팅기계가 없어도 쉽게 코팅할 수 있어요.
− 단점 : 열을 가해서 완벽하게 밀착시킨 것이 아니기 때문에 놀이를 하다 보면 종이와 코팅지가 분리될 수 있어요.

 쉽게 따라 해요. 소워니 skill

• 손코팅지로 도안 코팅하기

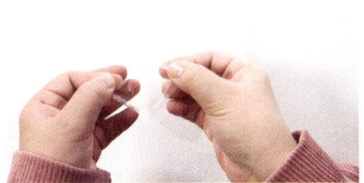  

1. 손코팅지의 비닐을 제거한 뒤, 끈끈한 접착면 위에 도안을 올리고 손으로 슥슥 문질러 뒷면을 붙여요.

2. 손코팅지를 하나 더 꺼내 마찬가지로 비닐을 제거한 뒤, 도안의 앞면에 붙여 슥슥 문지르면 양면 코팅이 완성돼요.

tip. 손코팅지를 붙일 때는 앞면과 뒷면에 붙이는 코팅지가 도안의 사방에서 서로 맞닿도록 붙여요. 먼저 윗부분을 맞추고 손으로 문지르면서 내려가 공기 방울이 생기지 않도록 주의하며 붙여요.

3. 투명 박스테이프

코팅기계와 손코팅지가 없어도 괜찮아요. 투명 박스테이프 하나만으로도 코팅을 할 수 있답니다. 너비가 넓은 투명 박스테이프를 도안 위에 붙여주면 돼요. 도안의 앞뒤를 꼼꼼하게 붙인 다음 손이나 천으로 슥슥 문지르면 완성입니다.

+ 장점 : 코팅 재료 중에 가장 쉽게 구할 수 있어요.
- 단점 : 앞뒷면을 모두 코팅해야 하기 때문에 손이 많이 가고, 실수할 확률이 높아서 깔끔하게 완성하기가 어려워요.

궁금한 건 못 참아! 시워니 Q&A

Q. 코팅은 꼭 해야 하나요?
A. 도안이 종이기 때문에 코팅을 하지 않으면 금방 구겨지고 찢어져서 오래 가지고 놀 수가 없어요. 과정이 조금 번거롭지만, 코팅을 해야 물이 묻어도 변색이 크게 없고 튼튼하게 오랫동안 놀 수 있어요.

Q. 뒷면도 코팅해야 하나요? 앞면만 하면 안 되나요?
A. 뒷면까지 꼼꼼하게 코팅해야 붙였다 떼었다 하면서 놀 수 있어요. 뒷면 코팅을 하지 않으면 도안이 찢어지거나, 도안에 붙인 양면테이프가 쉽게 떨어져요.

Q. 코팅하니까 너무 납작해져서 떼기가 힘든데 어떡하죠?
A. 놀이를 시작하기 전에 붙였다 떼었다 할 소품 도안을 약간씩 구부리면 떼기가 훨씬 수월해져요. 이때 주의할 점은 '접는' 게 아니라 '구부리는' 거예요. 손으로 잡기 편할 정도로만 살짝 구부려주세요.

🚨 도안 붙였다 뗐다 하기

투명 양면테이프, 종이 양면테이프

띠부띠부 직업놀이를 더욱 재미있게 할 수 있도록 만들어주는 재료예요. 소품 도안 뒷면의 회색 상자( )에 양면테이프를 붙이면 소품을 붙였다 뗐다 하면서 놀 수 있어요. 양면테이프는 재질에 따라 두 가지가 있는데 각각의 특징만 잘 확인한다면 어떤 걸 사용하든 상관없어요.

1. 투명 양면테이프

투명 양면테이프에는 다양한 종류가 있는데, 저는 그중에서 '스카치 투명 양면테이프'를 사용하고 있어요. 종이를 따로 뗄 필요가 없고, 가위를 사용하지 않아도 원하는 만큼 잘라서 쓸 수 있어서 아주 편리해요. 종이 양면테이프와 비교해 접착력이 약한 편이지만, 오히려 그런 면이 붙였다 뗐다 하며 놀기에 딱이에요.

2. 종이 양면테이프

 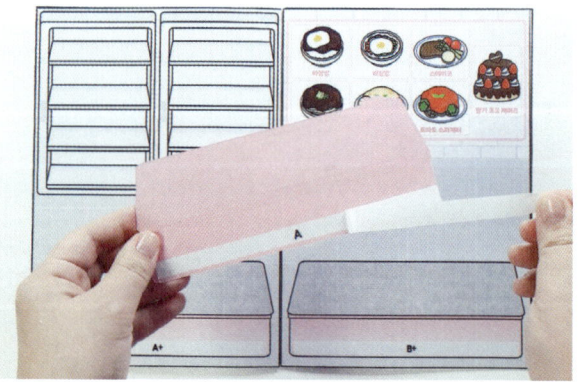

우리가 일반적으로 알고 있는 양면테이프예요. 가위를 사용해 원하는 길이로 잘라 필요한 곳에 붙이고 종이를 제거해서 사용하면 돼요. 접착력이 강하기 때문에 단단히 붙여야 하는 소품(자동차, 책상 등)에 주로 사용해요. 물론 붙였다 뗐다 하는 소품에 사용해도 되는데, 그럴 때는 양면테이프를 손이나 책상에 붙였다 뗐다를 반복해서 접착력을 살짝 떨어뜨린 다음에 놀이를 시작해요.

궁금한 건 못 참아! 시워니 Q&A

Q. 소품에 붙인 양면테이프가 잘 떨어지는데 어떻게 해야 하나요?
A. 배경에서 소품을 뗐는데 소품에 붙어있어야 하는 양면테이프가 배경에 붙어있는 경우가 종종 생길 거예요. 양면테이프를 너무 크게 붙였거나 접착력이 강하면 이처럼 소품에서 잘 떨어져요. 그럴 때는 양면테이프를 회색 상자의 크기에 맞춰 조그맣게 붙이고, 손이나 책상에 톡톡톡 붙였다 떼었다 하면서 접착력을 떨어뜨린 다음 놀이해요.

Q. 양면테이프를 안 붙이고 그냥 놀면 안 되나요?
A. 소품 도안의 크기가 작으므로 양면테이프를 붙이지 않으면 분실 우려가 있어요. 또한 띠부띠부 직업놀이는 붙였다 떼었다를 해야만 제대로 놀 수 있도록 만들었으니 번거롭더라도 꼭 양면테이프를 붙여주세요.

Q. 종이놀이를 너무 많이 사용해서 잘 붙지 않을 때는 어떻게 하죠?
A. 붙였다 뗐다를 많이 하면 양면테이프의 접착력이 떨어져서 잘 안 붙을 수 있는데요. 그때는 접착력이 떨어진 양면테이프 위에 새로운 양면테이프를 다시 덧대어서 붙이면 돼요.

도안 오리기

가위, 칼, 커팅매트

도안을 오릴 때 사용하는 도구들이에요. 가위나 칼 중 편한 도구를 사용하면 돼요. 저는 곡선이 있거나 크기가 작은 소품은 가위로 오리고, 직선이 있거나 크기가 큰 소품, 가운데를 뚫어야 하는 소품의 경우에는 칼로 오렸어요. 칼을 사용할 때는 바닥에 커팅매트를 깔아두세요. 커팅매트를 깔아두면 도안이 움직이지 않아 훨씬 수월하게 오릴 수 있고, 책상에 흠집도 나지 않아요. 가위와 칼을 사용할 때는 손을 다치지 않게 조심하세요.

쉽게 따라 해요. 소워니 skill

- **선 따라 테두리 오리기**

도안의 테두리에는 검은색 선과 하얀색 선이 있는데, 검은색 선을 따라 오리기 힘들다면 하얀색 선을 따라 오리세요. 검은색 선을 따라 오리면 테두리를 깔끔하게 표현할 수 있지만 자칫하면 소품을 자르는 실수를 할 수 있어요. 하얀색 선은 검은색 선보다 바깥쪽에 위치해 여백이 있기 때문에 가위로 오리다가 실수를 해도 소품에는 영향이 없어요.

- **가운데 오리기**

입체감을 주기 위해 가운데를 뚫어야 하는 소품들이 있어요. 주변은 그대로 두고 가운데만 오려내야 하는데 이럴 때는 칼을 사용하면 좋아요. 오려야 하는 도안 가운데에 '가위(✂)' 표시가 있으니 확인하면서 오려주세요.

🚨 도안 조립하기

얇은 투명테이프(+ 물레방아 커터기), 마스크(끈)

도안을 조립할 때 쓰이는 도구로 도안에 입체감을 줄 때 사용해요. 얇은 투명테이프는 도안을 연결해 책처럼 만들거나, 도안에 문을 달거나, 도안끼리 겹쳐 바구니 형태를 만들 때 사용해요. 마스크의 경우엔 '끈'만 잘라서 사용하는데, 마스크 끈은 신축성이 있어서 자유자재로 움직일 수 있고 잡아당겨도 쉽게 끊어지지 않아요.

1. 얇은 투명테이프(+ 물레방아 커터기)

얇은 투명테이프는 도안을 조립할 때 필요해요. 도안책을 만들 때 도안을 서로 연결하거나, 옷장이나 냉장고의 문, 건물 내부 등 좌우나 위아래로 여닫을 수 있도록 붙일 때 사용해요. 또한 소방차 바구니나 약 봉투, 책가방과 같이 입체감이 필요한 소품을 조립할 때 사용하면 안쪽 공간에 물건을 넣을 수 있어요. 투명테이프를 사용할 때는 물레방아 커터기를 사용하면 훨씬 수월해요. 만약 물레방아 커터기가 없다면 테이프를 가위로 잘라도 되고, 일반 스카치테이프를 사용해도 좋아요.

2. 마스크(끈)

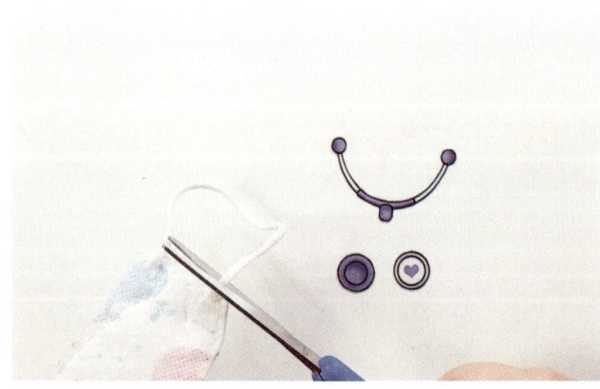 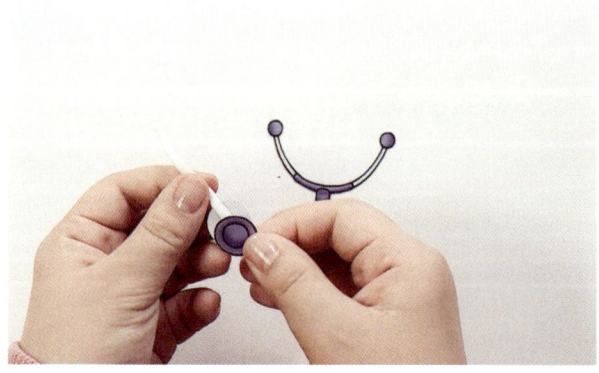

도안을 조립할 때 입체감을 살리기 위한 재료로, 실제로 필요한 건 마스크의 '끈'이에요. 사용한 마스크를 버리기 전에 끈만 잘라서 활용해요. 보통 청진기의 선이나 샤워기의 호스를 표현할 때 사용하는데요. 종이로 연결하는 것이 아니라 끈으로 연결하기 때문에 더욱 사실감 있게 놀이할 수 있어요. 마스크 끈이 없다면 다른 끈을 사용해도 좋지만, 그럴 경우에는 약간 탄력이 있는 끈을 사용하는 게 좋아요.

도안 만들기 기호

도안을 오리고 조립할 때 사용하는 기호를 소개할게요. 복잡하진 않지만 한번 봐두면 훨씬 수월할 거예요.

🚨 도안 조립 기호

기호	이름	사용법
———	실선	가위나 칼로 오리세요. 테두리의 검은색 실선을 따라 오리기 힘들다면 하얀색 선을 따라 오려도 좋아요.
✂	가위	가위 표시가 있는 부분을 오려내요. 칼을 사용하면 좋아요.
	회색 상자	양면테이프를 붙이세요.
A A+	붙임 상자	▢A 와 ▢A+ 를 서로 마주보게 붙이세요. 알파벳은 A부터 H까지 있으며 같은 알파벳끼리 붙이면 돼요. 붙임 상자의 경우 배경에 딱 붙어서 고정되어 있어야 하므로 접착력이 강한 종이 양면테이프를 사용하는 게 좋아요.
	투명 그림	그림에 해당하는 소품 도안을 붙이세요. 도안책에는 다양한 투명 그림이 있는데 투명 그림의 위치에 해당하는 소품 도안을 붙여 배경을 완성해요. 도안책의 ①번 도안 뒷면과 ②번 도안 앞면에는 소품 정리 페이지가 있어요(아이돌 제외). 이곳에 있는 투명 그림에는 투명 양면테이프를 붙인 소품을 붙이고, 뒤쪽 배경에 있는 투명 그림에는 붙임 상자에 맞춰 종이 양면테이프를 붙여요.

띠부띠부 직업놀이 준비하기

본격적으로 띠부띠부 직업놀이를 시작하기 전에 모든 놀이에 공통으로 사용되는 캐릭터 보관책 만드는 방법을 소개할게요. 캐릭터의 경우 모든 직업놀이를 할 때 필요하니 꼼꼼하게 만들어서 잃어버리지 않게 챙겨두세요. 또한 캐릭터 보관책 만드는 방법을 유의 깊게 살펴보세요. 총 10가지 직업의 도안책을 만들 때 아주 유용해요.

🚨 캐릭터 보관책

도안 83~90p

1. 캐릭터 보관책과 캐릭터 도안을 '코팅-양면테이프 붙이기-오리기' 순서로 진행해 준비해요.

2. 캐릭터 보관책을 만들어요. 1번의 뒷면과 2번의 앞면 도안 사이에 약간의 틈을 두고 나란히 정렬한 뒤, 투명테이프를 붙여 연결해요.

   TIP. 도안을 책처럼 넘기는 모습을 생각하며 붙여요. 이때 두 개의 도안 사이에 약간의 틈이 있어야 잘 접혀요.

3. 2번 도안을 넘기고 3번 도안의 앞면과 나란히 정렬한 뒤 2번 과정과 같은 방법으로 붙여 연결해요.

4. 3번 도안을 넘기고 4번 도안의 앞면과 나란히 정렬한 뒤 2번 과정과 같은 방법으로 붙여 연결해요.

5. 4번 도안을 넘기고 5번 도안의 앞면과 나란히 정렬한 뒤 2번 과정과 같은 방법으로 붙여 연결해요.

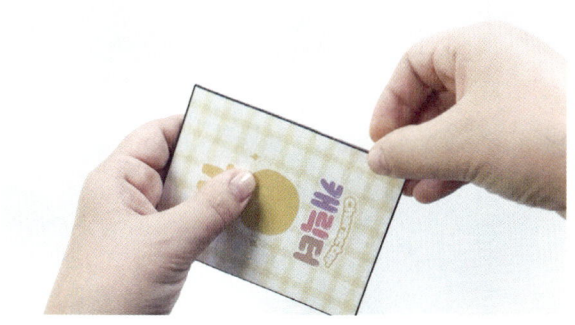

6. 캐릭터 보관책을 완전히 접은 다음 한 번 더 정렬하고, 왼쪽 책등에 투명테이프를 붙여 튼튼하게 만들어요.

7. 캐릭터 보관책을 펼쳐 1번 과정에서 오려둔 캐릭터를 투명 그림에 맞게 붙여 보관하면 완성입니다.

※ 주의하세요!

1. 도안을 자를 때는 가위와 칼을 사용해야 하므로 다치지 않게 조심하세요.
2. 아이들이 작은 종이 조각을 입에 가져가거나 삼키지 않도록 주의를 기울여주세요.
3. 만드는 방법이 헷갈린다면 QR코드를 찍어 영상으로 확인하세요. 지면상 책에 상세하게 수록하지 못한 부분이 있으니 영상으로 확인하면 더욱 꼼꼼하게 직업놀이 도안책을 만들 수 있어요.

※ 이렇게 놀아요!

1. 여자아이 4명, 남자아이 4명으로 총 8명의 친구와 함께 놀 수 있어요. 각자 직업에 해당하는 다양한 역할을 맡아 **역할놀이**를 해보세요.
2. 간접적으로 다양한 직업을 체험하면서 자연스럽게 **직업에 대한 이해도**를 높일 수 있어요. 동시에 아이들 스스로 자신이 커서 어떤 직업을 갖고 싶은지 고민할 기회도 가질 수 있어요.
3. 종이를 오리고 붙이는 과정은 아이들의 **소근육 발달**에 많은 도움이 돼요. 엄마가 만들어주는 것도 좋지만, 될 수 있으면 아이와 함께 만들거나, 아이가 스스로 만들 수 있도록 응원해주세요. 도안책을 아이가 직접 만들면 만족감과 성취감도 느낄 수 있어요.

PART 2
띠부띠부 직업놀이
튜토리얼

도안을 활용해 띠부띠부 직업놀이 만드는 방법을 소개해요.
만드는 방법은 아주 간단해요. 원하는 도안을 선택하고 - 코팅하고 -
양면테이프를 붙이고 - 자르고 - 튜토리얼을 확인하며 완성해요.

# 도둑을 잡고 사람들을 지켜요! 경찰관

사람들의 안전을 지키는 경찰관!
무슨 일이 생기면 가장 먼저 달려와서 사건을 해결해요.

 # HOW TO MAKE

도안 91~104p

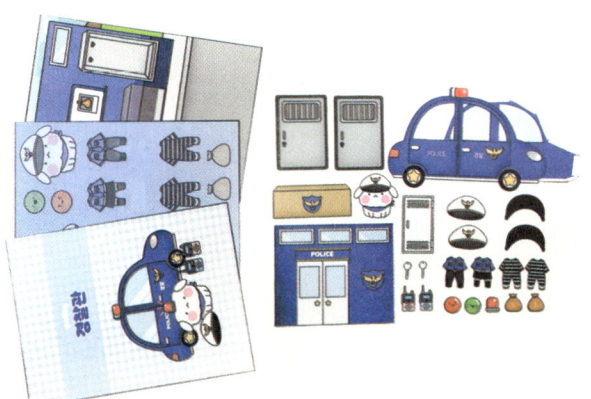

1.

경찰관 도안을 '코팅-양면테이프 붙이기-오리기' 순서로 진행해 준비해요. 경찰차와 접수대 도안은 종이 양면테이프, 그 밖의 소품은 투명 양면테이프를 붙여요.

2.

경찰차를 만들어요. 경찰차 도안에 붙인 양면테이프의 종이를 제거하고, 경찰차의 앞면과 뒷면을 맞춰 붙여요.

TIP. 경찰차 안에 캐릭터가 들어가야 하니 테두리에만 양면테이프를 붙여요.

TIP. 사진&영상에는 양면테이프를 자동차 뒷면에 붙였는데, 이렇게 하니까 오리기가 너무 불편해서 도안에는 자동차 앞면 뒤쪽에 붙이도록 표시했어요. 이 부분 참고해 주세요.

3.

경찰관 도안책을 만들어요. '띠부띠부 직업놀이 준비하기 : 캐릭터 보관책(p.14)'을 참고해 경찰관①, ②, ③번 도안에 투명테이프를 붙여 순서대로 연결해요.

4.
도안책을 완전히 접은 다음 정렬하고, 왼쪽 책등에 투명테이프를 붙여 튼튼하게 만들어요.

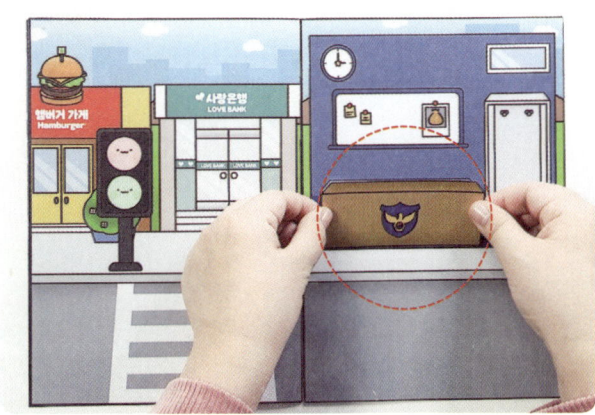

5.
도안책을 펼쳐 ③번 도안 앞면에 접수대를 붙여요. 접수대 도안에 붙인 양면테이프의 종이를 제거하고, 접수대의 A와 배경의 A+의 위치를 확인한 뒤 맞춰 붙여요.

TIP. 접수대는 배경에 딱 붙어서 고정되어 있어야 하므로 접착력이 강한 종이 양면테이프를 사용해요.

6.
캐비닛 문을 배경에 맞춰 배치하고 문의 오른쪽에만 투명테이프를 붙여서 좌우로 여닫을 수 있도록 연결해요.

7.
경찰서 2층 감옥을 배경에 맞춰 배치하고 아래쪽을 투명테이프로 붙여서 위아래로 여닫을 수 있도록 연결해요.

8.
감옥 문 역시 배경에 맞춰 배치하고 문의 오른쪽에만 투명테이프를 붙여서 좌우로 여닫을 수 있도록 연결해요.

9.
도안책 소품 정리 페이지의 투명 그림에 맞게 경찰차와 경찰, 도둑의 소품을 정리해요. 소품 정리 페이지에 붙일 자리가 없는 소품은 배경에 어울리게 붙여요.

10.
원하는 캐릭터를 선택해 옷을 입히고 모자를 씌워 경찰관과 도둑으로 변신해요.

11.
경찰차를 타고 도둑을 잡는 경찰관이 되어보세요.

매서운 불과 맞서 싸워요!
소방관

불이야! 불이 났어요!
소방관들이 빠르게 출동해서 불을 끄고 아이를 무사히 구출했어요.

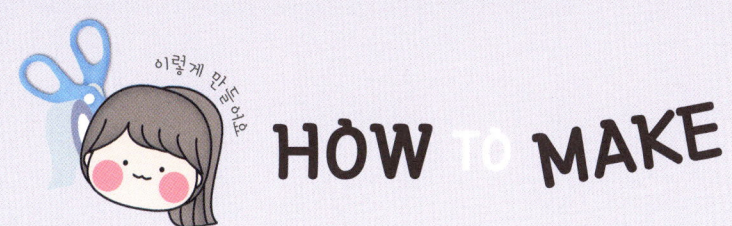 

도안 105~120p

1.

소방관 도안을 '코팅-양면테이프 붙이기-오리기' 순서로 진행해 준비해요. 소방차 도안은 종이 양면테이프, 그 밖의 소품은 투명 양면테이프를 붙여요.

2.

소방차를 만들어요. 소방차 도안에 붙인 양면테이프의 종이를 제거하고, 소방차의 앞면과 뒷면을 맞춰 붙여요. 그 다음 소방차의 적재함 문을 그림에 맞춰 배치하고 아래쪽을 투명테이프로 붙여서 연결해요.

TIP. 소방차 안에 캐릭터가 들어가야 하니 테두리에만 양면테이프를 붙여요.

TIP. 사진&영상에는 양면테이프를 자동차 뒷면에 붙였는데, 이렇게 하니까 오리기가 너무 불편해서 도안에는 자동차 앞면 뒤쪽에 붙이도록 표시했어요. 이 부분 참고해 주세요.

3.

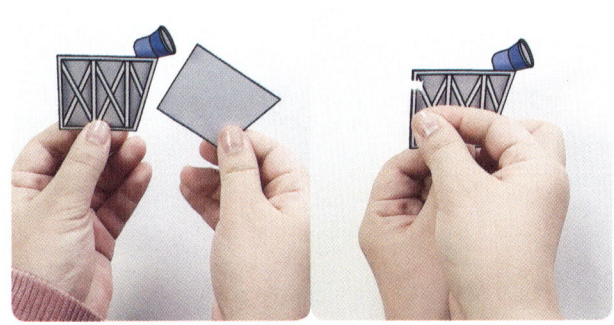

소방차의 사다리 바구니를 만들어요. 바구니의 앞면과 뒷면 도안을 겹치고 양옆과 아래에 투명테이프를 붙여 입체감을 줘요.

TIP. 위쪽에는 캐릭터가 들어가야 하니 테이프를 붙이지 않아요.

4.

사진을 참고해서 소방차 뒤에 사다리와 바구니를 붙여요.

5.

소방관 도안책을 만들어요. '띠부띠부 직업놀이 준비하기 : 캐릭터 보관책(p.14)'을 참고해 소방관①, ②, ③번 도안에 투명테이프를 붙여 순서대로 연결해요.

6.

도안책을 완전히 접은 다음 정렬하고, 왼쪽 책등에 투명테이프를 붙여 튼튼하게 만들어요.

7.

도안책을 펼쳐 ②번 도안 뒷면과 ③번 도안 앞면에 옷장 문을 붙여요. 각각 크기에 맞는 옷장 문을 배경에 맞춰 배치하고 문이 양쪽으로 열리도록 투명테이프를 붙여서 좌우로 여닫을 수 있도록 만들어요.

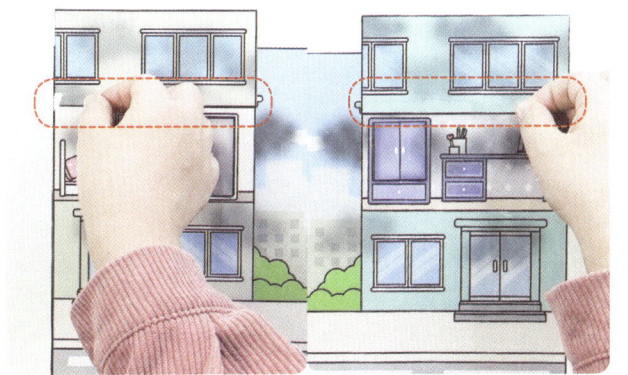

8.

창문이 있는 건물을 배경에 맞춰 배치하고 아래쪽을 투명테이프로 붙여서 위아래로 여닫을 수 있도록 연결해요.

9.

도안책 소품 정리 페이지의 투명 그림에 맞게 소방차와 소방관, 불, 물, 아이들을 정리해요. 소화기는 소방차의 적재함에 넣어요.

10.

원하는 캐릭터를 선택해 옷을 입히고 모자를 씌워 소방관으로 변신해요.

11.

소방차를 타고 불이 난 집으로 출동해 불을 끄고 아이들을 구하는 소방관이 되어보세요.

# 아픈 사람을 낫게 해줘요!
의사&간호사

1분 1초를 아껴가며 아픈 사람을 치료해주는 의사와 간호사예요.
요즘같이 힘들 때 더욱 고마움을 느껴요.

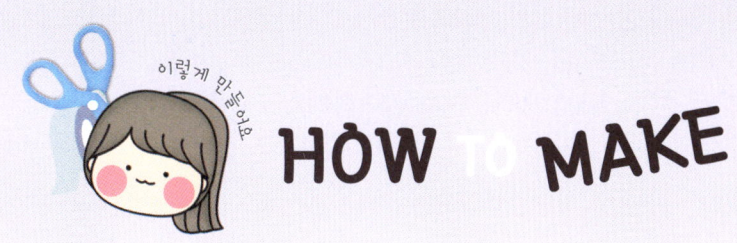 # HOW TO MAKE

도안 121~138p

1.

의사&간호사 도안을 '코팅-양면테이프 붙이기-오리기' 순서로 진행해 준비해요. 구급차와 청진기, 진료 책상 도안은 종이 양면테이프, 그 밖의 소품은 투명 양면테이프를 붙여요. 청진기를 만들 때 필요한 마스크(끈)도 준비해요.

2.

구급차를 만들어요. 구급차 도안에 붙인 양면테이프의 종이를 제거하고, 구급차의 앞면과 뒷면을 맞춰 붙여요.

TIP. 구급차 안에 캐릭터가 들어가야 하니 테두리에만 양면테이프를 붙여요.

TIP. 사진&영상에는 양면테이프를 자동차 뒷면에 붙였는데, 이렇게 하니까 오리기가 너무 불편해서 도안에는 자동차 앞면 뒤쪽에 붙이도록 표시했어요. 이 부분 참고해 주세요.

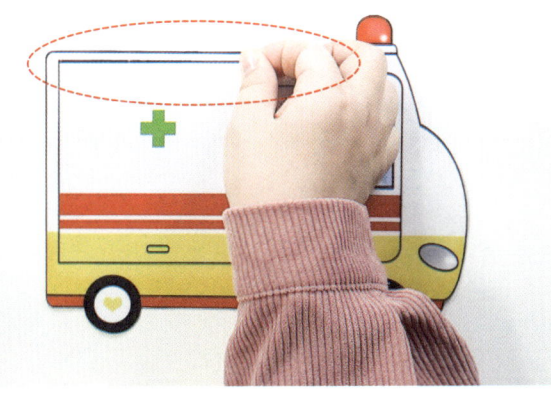

3.

구급차의 옆문을 그림에 맞춰 배치하고 위쪽을 투명테이프로 붙여서 위아래로 여닫을 수 있도록 연결해요.

4.

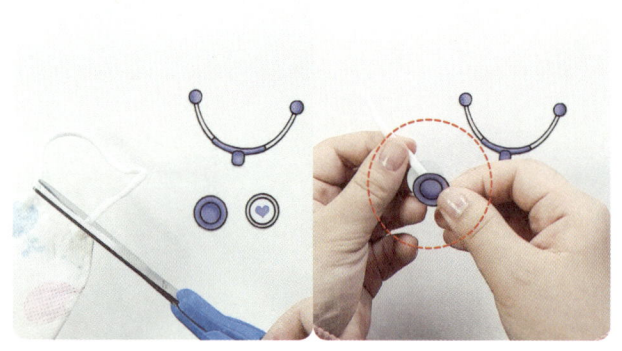

청진기를 만들어요. 먼저 마스크 끈을 적당한 길이로 잘라요. 그다음 청진기의 동그란 도안에 붙인 양면테이프의 종이를 양쪽 다 제거하고 마스크 끈의 한쪽 끝을 그 사이에 겹쳐 붙여요.

TIP. 사용하고 버릴 예정인 마스크 끈을 잘라서 사용해요. 마스크 끈 말고 다른 끈을 사용해도 좋지만 그럴 경우 신축성이 있는 끈을 사용해 주세요.

5.

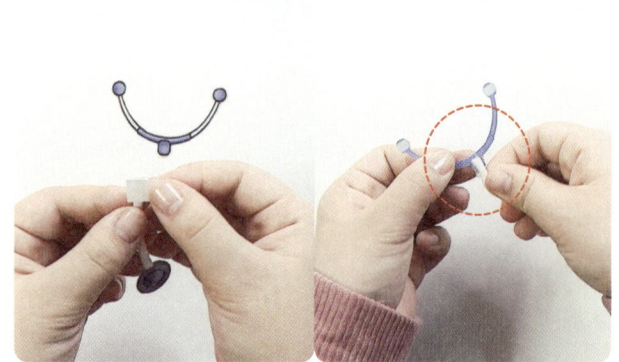

종이 양면테이프를 조그맣게 잘라서 반대쪽 마스크 끈 끝에 돌돌 감은 다음 청진기 몸체 도안 뒷면에 붙여요.

6.

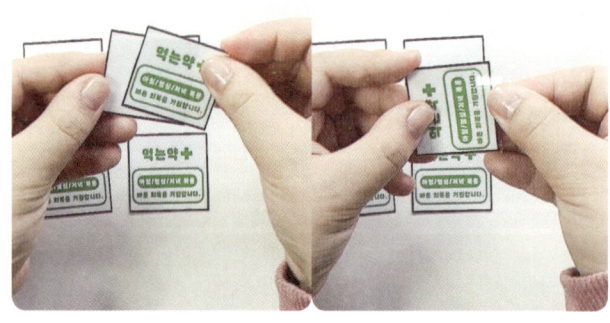

약 봉투를 만들어요. 약 봉투의 앞면과 뒷면 도안을 겹치고 양옆과 아래에 투명테이프를 붙여 입체감을 줘요.

TIP. 위쪽에는 약이 들어가야 하니 테이프를 붙이지 않아요.

7.

의사&간호사 도안책을 만들어요. '띠부띠부 직업놀이 준비하기 : 캐릭터 보관책(p.14)'을 참고해 의사&간호사 ①, ②, ③, ④번 도안에 투명테이프를 붙여 순서대로 연결해요. 그다음 도안책을 완전히 접어 정렬하고, 왼쪽 책등에 투명테이프를 붙여 튼튼하게 만들어요.

8.

도안책을 펼쳐 ②번 도안 뒷면에 진료 책상을 붙여요. 진료 책상 도안에 붙인 양면테이프의 종이를 제거하고, 책상의 A와 배경의 A+의 위치를 확인한 뒤 맞춰 붙여요. 같은 방법으로 ③번 도안의 앞뒤에 B와 B+, C와 C+를 맞춰 붙여요.

TIP. 진료 책상은 배경에 딱 붙어서 고정되어 있어야 하므로 접착력이 강한 종이 양면테이프를 사용해요.

9.

도안책 소품 정리 페이지의 투명 그림에 맞게 구급차와 의사, 간호사, 환자의 옷을 정리해요. 소품 정리 페이지에 붙일 자리가 없는 소품은 배경에 어울리게 붙여요.

10.

원하는 캐릭터를 선택해 옷을 입히고 모자를 씌워 의사와 간호사, 환자로 변신해요.

11.

구급차에 실려온 환자를 진찰하고 치료하며 의사와 간호사가 되어보세요.

동물들의 엄마 아빠가 돼요! 사육사

귀여운 동물 친구들을 한 번에 볼 수 있어요.
동물들의 식성에 맞춰 맛있는 먹이를 나눠주며 건강하게 돌봐요.

HOW TO MAKE

도안 139~156p

1.

사육사 도안을 '코팅-양면테이프 붙이기-오리기' 순서로 진행해 준비해요. 사육사 차 도안은 종이 양면테이프, 그 밖의 소품은 투명 양면테이프를 붙여요.

2.

사육사 차를 만들어요. 사육사 차 도안에 붙인 양면테이프의 종이를 제거하고, 사육사 차의 앞면과 뒷면을 맞춰 붙여요.

TIP. 사육사 차 안에 캐릭터가 들어가야 하니 테두리에만 양면테이프를 붙여요. 트럭에는 먹이를 실어야 하니 위쪽은 붙이지 않아요.

TIP. 사진&영상에는 양면테이프를 자동차 뒷면에 붙였는데, 이렇게 하니까 오리기가 너무 불편해서 도안에는 자동차 앞면 뒤쪽에 붙이도록 표시했어요. 이 부분 참고해 주세요.

3.

사육사 도안책을 만들어요. '띠부띠부 직업놀이 준비하기 : 캐릭터 보관책(p.14)'을 참고해 사육사①, ②, ③, ④번 도안에 투명테이프를 붙여 순서대로 연결해요.

4.

도안책을 완전히 접은 다음 정렬하고, 왼쪽 책등에 투명 테이프를 붙여 튼튼하게 만들어요.

5.

도안책 소품 정리 페이지의 투명 그림에 맞게 사육사 차와 사육사 옷을 정리해요. 이때 동물들의 먹이는 사육사 차에 미리 실어두세요.

6.

도안책을 펼쳐 ②번 도안 뒷면과 ③번 도안 앞면에 호랑이, 사자, 곰, 기린을 붙여요.

7.

페이지를 넘겨 ③번 도안 뒷면과 ④번 도안 앞면에는 원숭이, 코끼리, 판다, 펭귄을 붙여요.

8.

원하는 캐릭터를 선택해 옷을 입히고 모자를 씌워 사육사로 변신해요.

9.

먹이를 실은 사육사 차를 타고, 동물들에게 먹이를 나눠주며 사육사가 되어보세요.

귀여운 아기들을 돌봐요!
어린이집 선생님

바쁜 엄마 아빠 대신 귀여운 아기들을 보살펴요.
낮잠도 재우고, 우유도 먹이고, 신나게 놀면서 아기들과 함께해요.

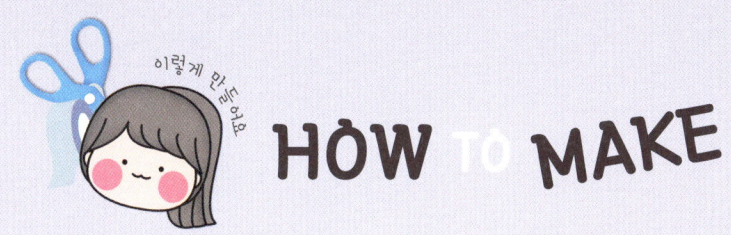 # HOW TO MAKE

도안 157~170p

1.

어린이집 선생님 도안을 '코팅-양면테이프 붙이기-오리기' 순서로 진행해 준비해요. 책상과 미끄럼틀, 볼풀장 도안에는 종이 양면테이프, 그 밖의 소품은 투명 양면테이프를 붙여요.

2.

어린이집 선생님 도안책을 만들어요. '띠부띠부 직업놀이 준비하기 : 캐릭터 보관책(p.14)'을 참고해 어린이집 선생님①, ②, ③, ④번 도안에 투명테이프를 붙여 순서대로 연결해요.

3.

도안책을 완전히 접은 다음 정렬하고, 왼쪽 책등에 투명테이프를 붙여 튼튼하게 만들어요.

4.

도안책을 펼쳐 ③번 도안 앞면에 책상을 붙여요. 책상 도안에 붙인 양면테이프의 종이를 제거하고, 책상의 A와 배경의 A+의 위치를 확인한 뒤 맞춰 붙여요.

TIP. 책상은 배경에 딱 붙어서 고정되어 있어야 하므로 접착력이 강한 종이 양면테이프를 사용해요.

5.

4번 과정과 같은 방법으로 B와 B+, C와 C+를 맞춰 붙여요.

6.

③번 도안 뒷면에 미끄럼틀을 붙여요. 미끄럼틀 도안에 붙인 양면테이프의 종이를 제거하고, 미끄럼틀 도안의 D와 배경의 D+의 위치를 확인한 뒤 맞춰 붙여요.

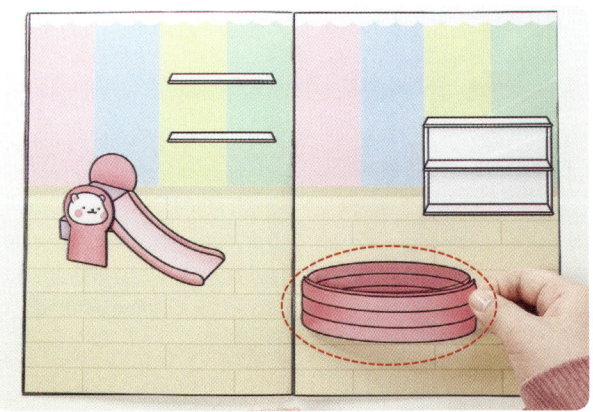

7.

④번 도안 앞면에 볼풀장을 붙여요. 볼풀장 도안에 붙인 양면테이프의 종이를 제거하고, 볼풀장 도안의 E와 배경의 E+의 위치를 확인한 뒤 맞춰 붙여요.

8.

도안책 소품 정리 페이지의 투명 그림에 맞게 선생님과 아기, 장난감을 정리해요.

9.

소품 정리 페이지에 붙일 자리가 없는 소품은 배경에 어울리게 붙여요.

10.

원하는 캐릭터를 선택해 옷을 입히고 머리띠를 씌워 어린이집 선생님으로 변신해요. 아기들에게도 옷을 입혀 어린이집에 갈 준비를 해요.

11.

아기들을 먹이고 재우고 놀아주며 어린이집 선생님이 되어보세요.

학생들에게 공부를 가르쳐요!
학교 선생님

학생들에게 국어와 수학을 가르쳐주고요, 즐거운 음악 시간도 가져요.
이번 기회를 통해 선생님께 감사하는 마음을 가져보는 건 어떨까요.

HOW TO MAKE

도안 **171~182p**

1.

학교 선생님 도안을 '코팅-양면테이프 붙이기-오리기' 순서로 진행해 준비해요. 책상과 교탁 도안은 종이 양면테이프, 그 밖의 소품은 투명 양면테이프를 붙여요.

2.

책가방을 만들어요. 책가방의 앞면과 뒷면 도안을 겹치고 양옆과 아래에 투명테이프를 붙여 입체감을 줘요.

TIP. 위쪽에는 책과 연필을 넣어야 하니 테이프를 붙이지 않아요.

3.

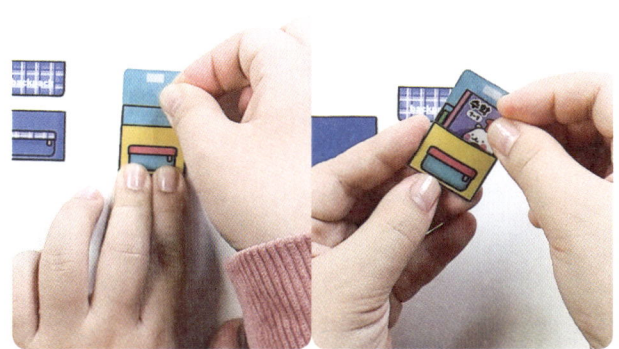

2번 과정의 책가방 위쪽에 남은 도안을 배치하고 투명테이프를 붙여 위아래로 여닫을 수 있도록 연결해요. 같은 방법으로 남은 가방을 전부 만들고 가방 안에 교과서와 연필을 넣어요.

4.

학교 선생님 도안책을 만들어요. '띠부띠부 직업놀이 준비하기 : 캐릭터 보관책(p.14)'을 참고해 학교 선생님 ①, ②, ③번 도안에 투명테이프를 붙여 순서대로 연결해요. 그다음 도안책을 완전히 접어 정렬하고, 왼쪽 책등에 투명 테이프를 붙여 튼튼하게 만들어요.

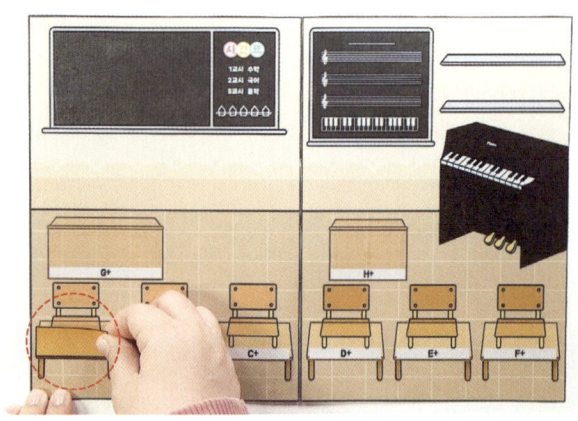

5.

도안책을 펼쳐 ②번 도안 뒷면에 책상을 붙여요. 책상 도안에 붙인 양면테이프의 종이를 제거하고, 책상의 A와 배경의 A+의 위치를 확인한 뒤 맞춰 붙여요.

TIP. 책상은 배경에 딱 붙어서 고정되어 있어야 하므로 접착력이 강한 종이 양면테이프를 사용해요.

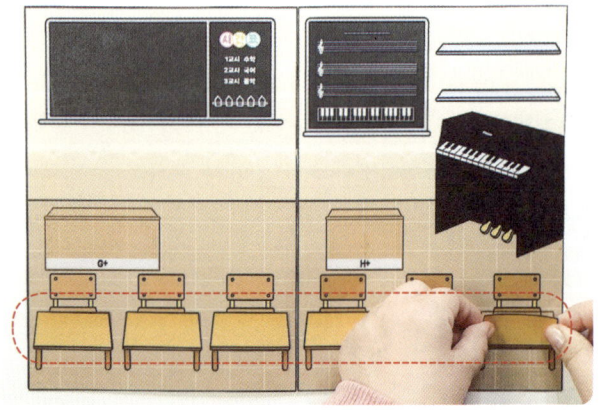

6.

5번 과정과 같은 방법으로 ②번 도안 뒷면과 ③번 도안 앞면에 B와 B+부터 F와 F+까지 붙여요.

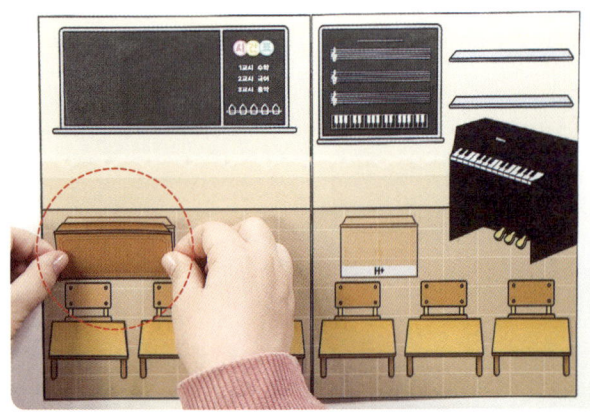

7.

②번 도안 뒷면에 교탁을 붙여요. 교탁 도안에 붙인 양면테이프의 종이를 제거하고, 교탁의 G와 배경의 G+의 위치를 확인한 뒤 맞춰 붙여요.

TIP. 교탁은 배경에 딱 붙어서 고정되어 있어야 하므로 접착력이 강한 종이 양면테이프를 사용해요.

8.

③번 도안 앞면에는 교탁의 H와 배경의 H+의 위치를 확인한 뒤 맞춰 붙여요.

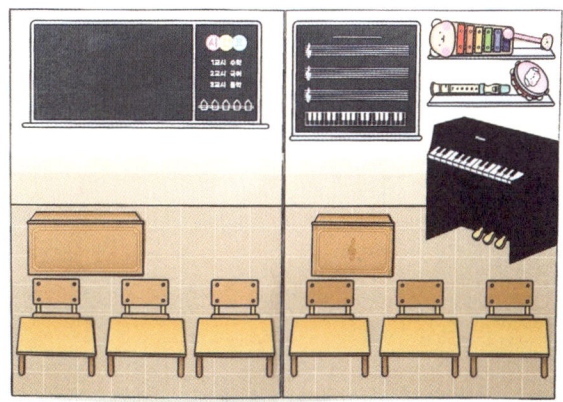

9.

도안책 소품 정리 페이지의 투명 그림에 맞게 칠판과 선생님, 학생들을 정리해요. 소품 정리 페이지에 붙일 자리가 없는 소품은 배경에 어울리게 붙여요.

10.

원하는 캐릭터를 선택해 옷을 입혀 학교 선생님으로 변신해요.

11.

교실에서 학생들을 가르치고 공부하며 학교 선생님이 되어보세요.

불가능한 일을 가능하게 해요! 마술사

주문만 외우면 못하는 일이 없는 마술사예요.
빨간 공은 사과로 변하고, 모자에서는 토끼가 나와요.

 # HOW TO MAKE

도안 183~192p

1.

마술사 도안을 '코팅-양면테이프 붙이기-오리기' 순서로 진행해 준비해요.

2.

마술사 모자를 만들어요. 모자 도안 두 장을 위아래로 겹치고 양옆에 투명테이프를 붙여요.

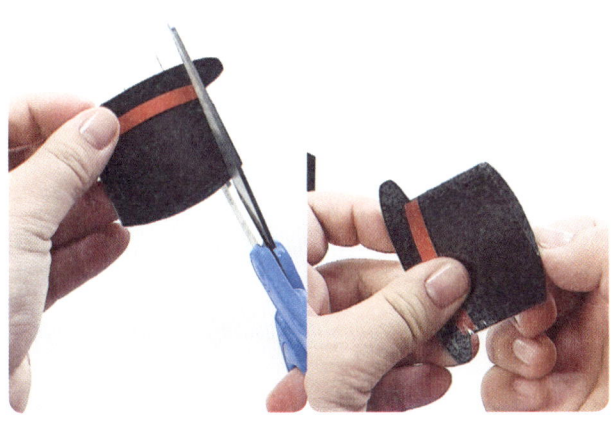

3.

모자의 윗면에도 투명테이프를 붙여 입체감을 줘요. 굴곡 있는 부분에 테이프를 붙일 때는 가위집을 내서 하나씩 접어가며 꼼꼼히 붙여요.

TIP. 모자의 챙이 있는 부분에는 테이프를 붙이지 않아요.

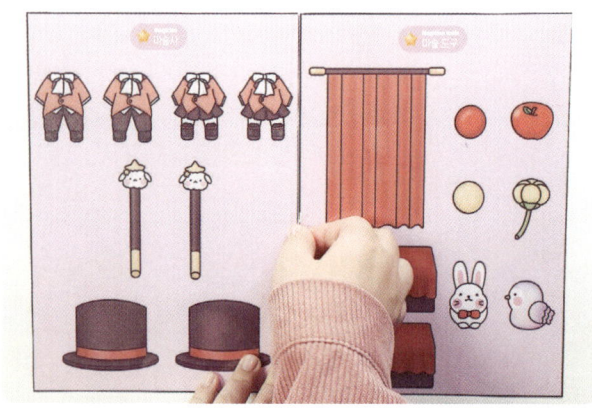

4.
마술사 도안책을 만들어요. '띠부띠부 직업놀이 준비하기
: 캐릭터 보관책(p.14)'을 참고해 마술사①, ②, ③번 도안
에 투명테이프를 붙여 순서대로 연결해요.

5.
도안책을 완전히 접은 다음 정렬하고, 왼쪽 책등에 투명
테이프를 붙여 튼튼하게 만들어요.

6.
도안책 소품 정리 페이지의 투명 그림에 맞게 마술사 소
품과 마술 도구들을 정리해요.

7.
원하는 캐릭터를 선택해 옷을 입히고 모자를 씌워 마술
사로 변신해요.

8.

무대에 올라 가림막과 모자, 마술봉을 사용해 마술을 펼치며 마술사가 되어보세요.

강아지를 너무 사랑해요! 애견 미용사

애견 미용은 단순히 강아지를 예쁘게 꾸며주는 것에서 그치지 않아요.
미용을 통해 털을 다듬고 깨끗하게 씻겨 건강도 지켜줄 수 있어요.

 # HOW TO MAKE

도안 193~202p

1.

애견 미용사 도안을 '코팅-양면테이프 붙이기-오리기' 순서로 진행해 준비해요. 샤워기 헤드와 수도꼭지 도안은 종이 양면테이프, 그 밖의 소품은 투명 양면테이프를 붙여요. 샤워기를 만들 때 필요한 마스크(끈)도 준비해요.

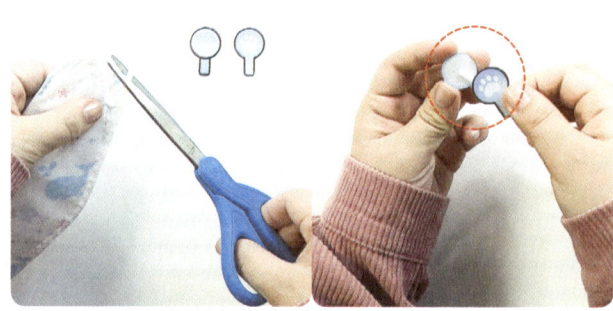

2.

샤워기를 만들어요. 먼저 마스크 끈을 적당한 길이로 잘라요. 그다음 샤워기 헤드 도안에 붙인 양면테이프의 종이를 양쪽 다 제거하고 마스크 끈의 한쪽 끝을 그 사이에 겹쳐 붙여요.

TIP. 사용하고 버릴 예정인 마스크 끈을 잘라서 사용해요. 마스크 끈 말고 다른 끈을 사용해도 좋지만 그럴 경우 신축성이 있는 끈을 사용해 주세요.

3.

애견 미용사 도안책을 만들어요. '띠부띠부 직업놀이 준비하기 : 캐릭터 보관책(p.14)'을 참고해 애견 미용사①, ②, ③번 도안에 투명테이프를 붙여 순서대로 연결해요.

4.

도안책을 완전히 접은 다음 정렬하고, 왼쪽 책등에 투명 테이프를 붙여 튼튼하게 만들어요.

5.

도안책을 펼쳐 ③번 도안 앞면에 샤워기를 붙여요. 2번 과정에서 만든 샤워기 헤드를 붙이고 끈의 길이를 A+에 맞춰서 잘라요.

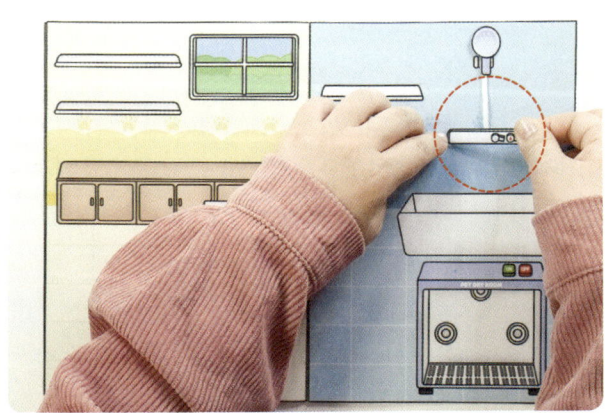

6.

샤워기와 수도꼭지를 연결해요. 수도꼭지 도안에 붙인 양면테이프의 종이를 제거하고, 수도꼭지의 A와 배경의 A+의 위치를 확인한 뒤 끈 위에 겹쳐 붙여요.

TIP. 수도꼭지는 배경에 딱 붙어서 고정되어 있어야 하므로 접착력이 강한 종이 양면테이프를 사용해요.

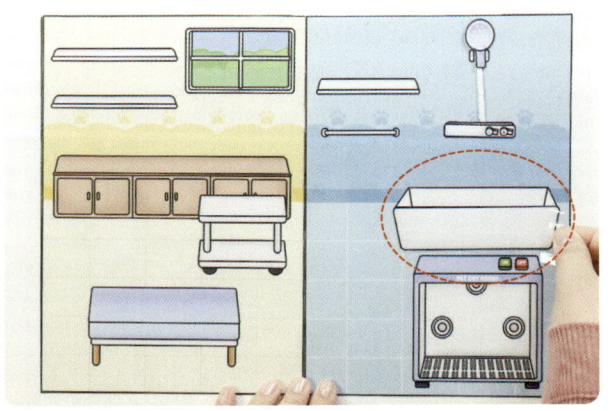

7.

욕조를 배경에 맞춰 배치하고 양옆과 아래에 투명테이프를 붙여 입체감을 줘요.

TIP. 욕조의 위쪽에는 강아지가 들어가야 하니 테이프를 붙이지 않아요.

8.
도안책 소품 정리 페이지의 투명 그림에 맞게 애견 미용사 소품과 강아지들을 정리해요.

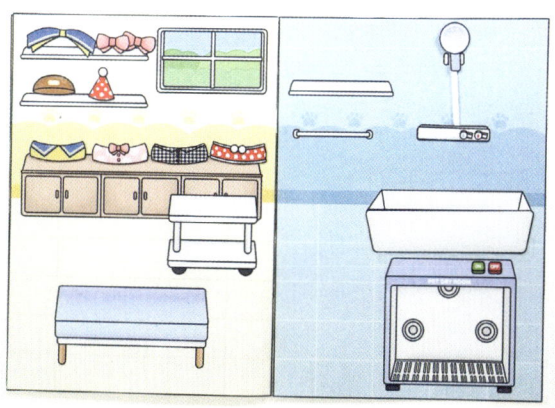

9.
소품 정리 페이지에 붙일 자리가 없는 소품은 배경에 어울리게 붙여요.

10.
원하는 캐릭터를 선택해 옷을 입혀 애견 미용사로 변신해요.

11.
강아지의 털도 자르고, 목욕도 시켜주고, 옷도 입혀주며 애견 미용사가 되어보세요.

맛있는 음식을 정성껏 만들어요!
요리사

지글지글, 보글보글. 맛있는 냄새가 가득해요.
정성을 가득 담아 만든 요리를 손님이 맛있게 먹을 때가 가장 행복해요.

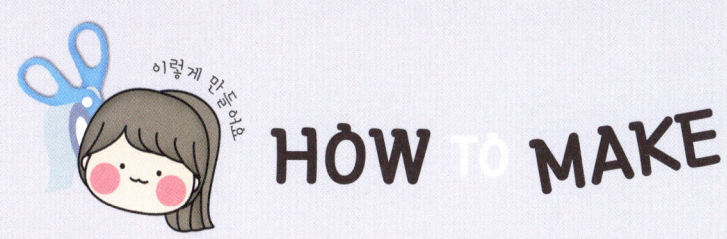 # HOW TO MAKE

도안 **203~220p**

1.
요리사 도안을 '코팅-양면테이프 붙이기-오리기' 순서로 진행해 준비해요. 조리대 도안은 종이 양면테이프, 그 밖의 소품은 투명 양면테이프를 붙여요. 스테이크 고기의 경우 앞뒤를 모두 사용해야 하니 회색 상자가 없어도 앞뒤에 투명 양면테이프를 붙여주세요.

2.
요리사 도안책을 만들어요. '띠부띠부 직업놀이 준비하기 : 캐릭터 보관책(p.14)'을 참고해 요리사①, ②, ③, ④번 도안에 투명테이프를 붙여 순서대로 연결해요.

3.
도안책을 완전히 접은 다음 정렬하고, 왼쪽 책등에 투명테이프를 붙여 튼튼하게 만들어요.

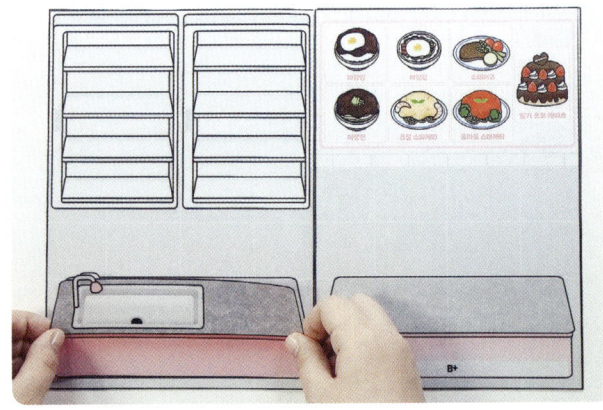

4.

도안책을 펼쳐 ②번 도안 뒷면에 조리대를 붙여요. 조리대 도안에 붙인 양면테이프의 종이를 제거하고, 조리대의 A와 배경의 A+의 위치를 확인한 뒤 맞춰 붙여요.

TIP. 조리대는 배경에 딱 붙어서 고정되어 있어야 하므로 접착력이 강한 종이 양면테이프를 사용해요.

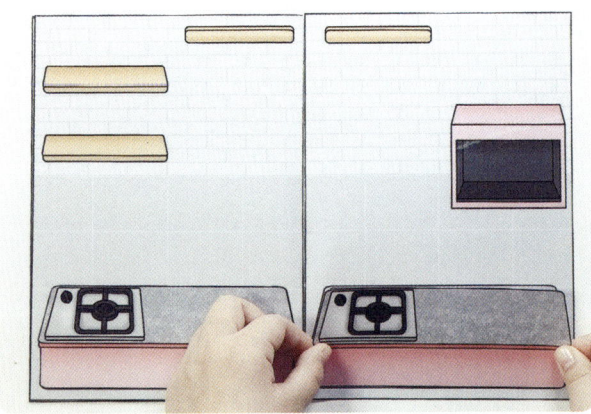

5.

4번 과정과 같은 방법으로 B와 B+부터 D와 D+까지 조리대를 붙여요.

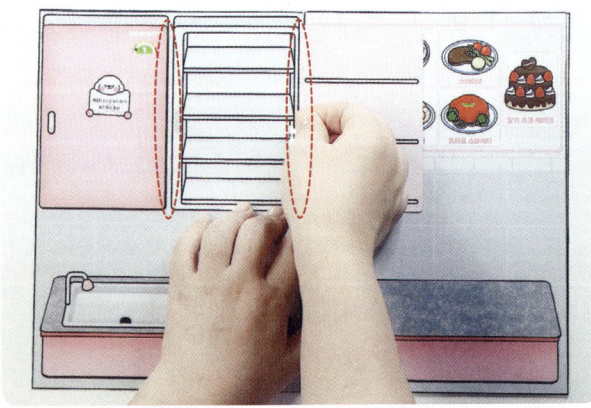

6.

②번 도안 뒷면에 냉장고 문을 붙여요. 냉장고 문을 배경에 맞춰 배치하고 문의 오른쪽에만 투명테이프를 붙여서 좌우로 여닫을 수 있도록 만들어요. 두 개의 냉장고 모두 문을 붙여주세요.

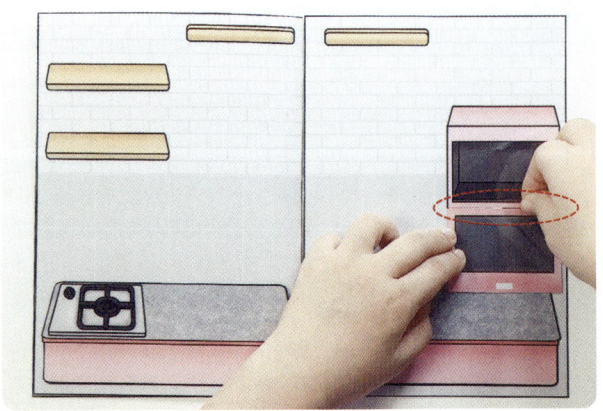

7.

④번 도안 앞면에 오븐 문을 붙여요. 오븐 문을 배경에 맞춰 배치하고 문의 아래쪽에만 투명테이프를 붙여서 위아래로 여닫을 수 있도록 만들어요.

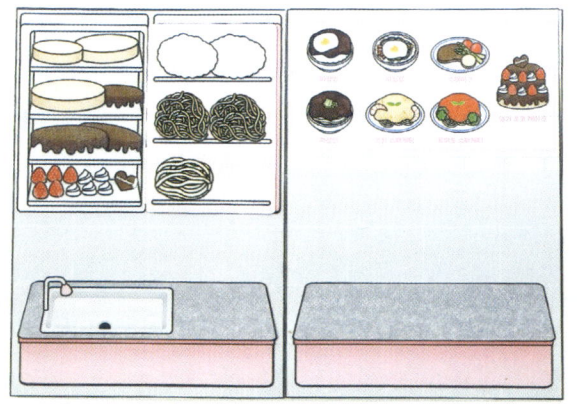

8.

도안책 소품 정리 페이지의 투명 그림에 맞게 요리사 옷과 요리 도구들을 정리해요. 소품 정리 페이지에 붙일 자리가 없는 소품은 배경에 어울리게 붙여요. 사진을 참고해 ②번 도안 뒷면의 첫 번째 냉장고에 음식 재료를 넣어요.

9.

두 번째 냉장고에도 음식 재료를 넣고, ③번 도안 뒷면에는 그릇을 정리해요.

10.

원하는 캐릭터를 선택해 옷을 입히고 모자를 씌워 요리사로 변신해요.

11.

주문이 들어오면 냉장고에서 음식 재료를 꺼내 만들면서 요리사가 되어보세요.

화려한 무대에서 노래해요! 아이돌

그동안 감춰왔던 끼와 재능을 마음껏 펼칠 무대를 찾았어요.
아름다운 노랫말과 퍼포먼스로 이 무대의 주인공이 될 거예요.

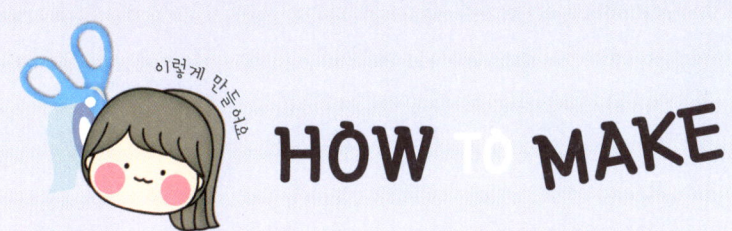

HOW TO MAKE

도안 221~230p

1.

아이돌 도안을 '코팅-양면테이프 붙이기-오리기' 순서로 진행해 준비해요. 무대 도안은 종이 양면테이프, 그 밖의 소품은 투명 양면테이프를 붙여요.

2.

아이돌 도안책을 만들어요. '띠부띠부 직업놀이 준비하기 : 캐릭터 보관책(p.14)'을 참고해 아이돌①, ②, ③번 도안에 투명테이프를 붙여 순서대로 연결해요.

3.

도안책을 완전히 접은 다음 정렬하고, 왼쪽 책등에 투명테이프를 붙여 튼튼하게 만들어요.

4.

아이돌 도안책을 펼쳐 ③번 도안 앞면에 무대를 붙여요. 무대 도안에 붙인 양면테이프의 종이를 제거하고, 무대의 A와 배경의 A+의 위치를 확인한 뒤 맞춰 붙여요.

TIP. 무대는 배경에 딱 붙어서 고정되어 있어야 하므로 접착력이 강한 종이 양면테이프를 사용해요.

5.

도안책의 대기실 배경에 맞게 옷과 소품들을 정리해요.

6.

원하는 캐릭터를 선택해 아이돌 만들 준비를 해요.

7.

대기실에서 캐릭터에게 옷을 입히고 액세서리를 착용하고 화장을 시켜 멋진 아이돌로 변신해요.

8.
무대에서 노래를 부르고 토크쇼도 하며 아이돌이 되어보세요.

PART 3

띠부띠부 직업놀이
컬러링 도안

귀여운 띠부띠부 직업놀이의 캐릭터들을 직접 색칠할 수 있도록 각 직업의 콘셉트에 맞는 10가지 컬러링 도안을 준비했어요. 뒷장의 완성본을 참고해 색칠하고 직업에 대해 이야기 나눠요.

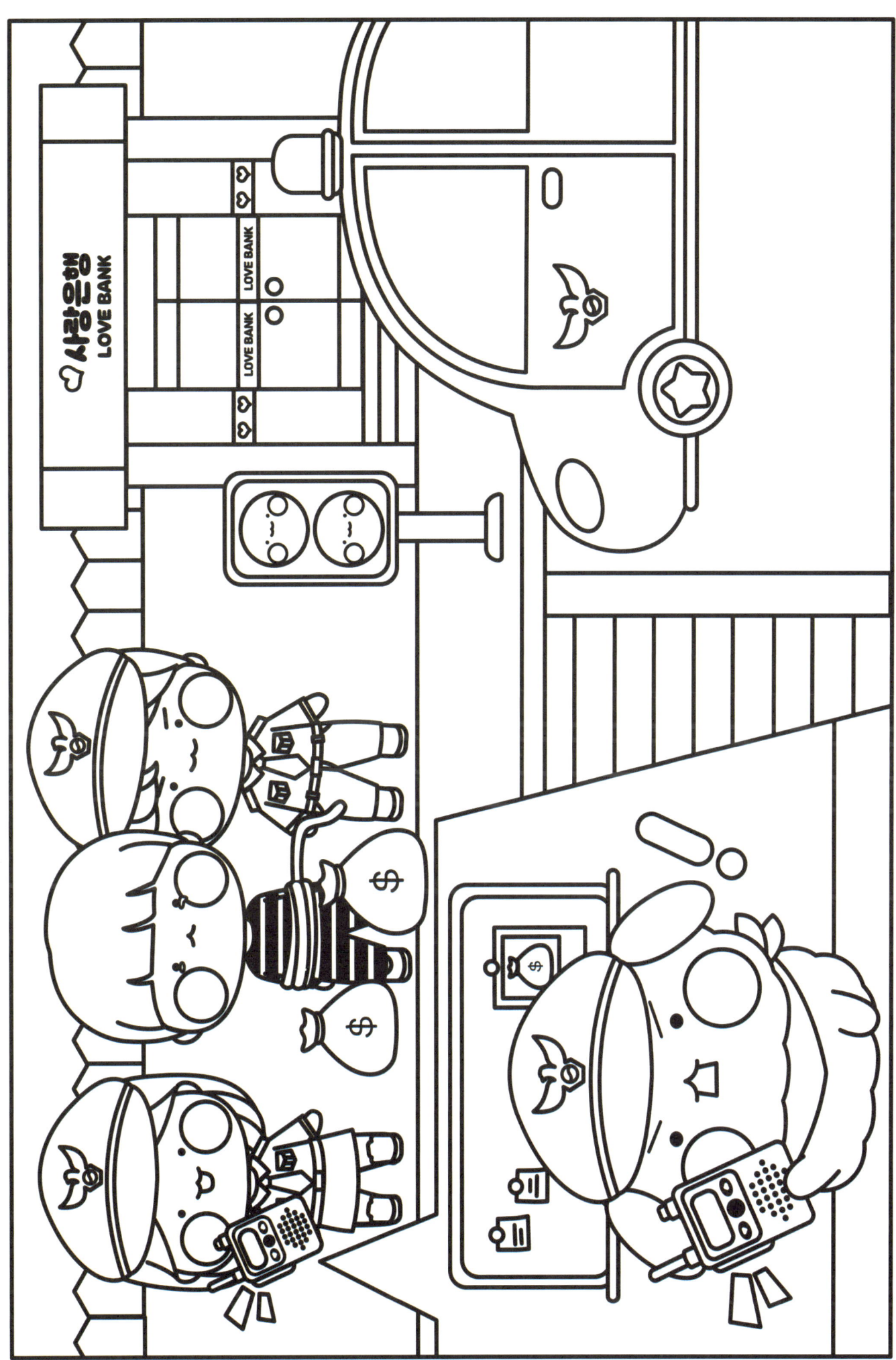

경찰관 Police

경찰관은 도둑을 잡고 나쁜 행동을 한 사람들을 혼내줘요. 어려운 일을 당한 사람을 도와주고, 곤경에 빠진 사람은 없는지 순찰을 하기도 해요. 또 잃어버린 물건을 찾아주거나 자동차로 가득 찬 도로에서 교통정리를 해요.

경찰관이 되기 위해서는 어떻게 해야 할까요? 나쁜 일을 보면 참지 못하는 정의로운 마음과 어려운 이웃을 도와줄 줄 아는 착한 마음이 있어야 해요. 여기에 아닌 건 아니라고 말할 수 있는 용기와 다른 사람을 먼저 생각할 줄 아는 배려심도 있어야겠죠? 아 차, 도둑을 잡으려면 쌩쌩 달려야 하니 체력도 필수예요.

TIP. 엄마, 이렇게 놀아주세요.

1. 아이와 함께 도안을 예쁘게 색칠하면서 경찰관이 하는 일과 경찰관이 되는 방법에 대해 이야기를 나눠요. 일방적으로 설명해주는 것보다 아이가 스스로 생각할 수 있도록 시간을 주는 게 필요해요.

2. 분실물을 주웠을 때, 길을 잃어버렸을 때, 도움이 필요할 때 등 유사시에 경찰서를 찾아가야 한다는 부분을 함께 인식시켜주면 좋아요.

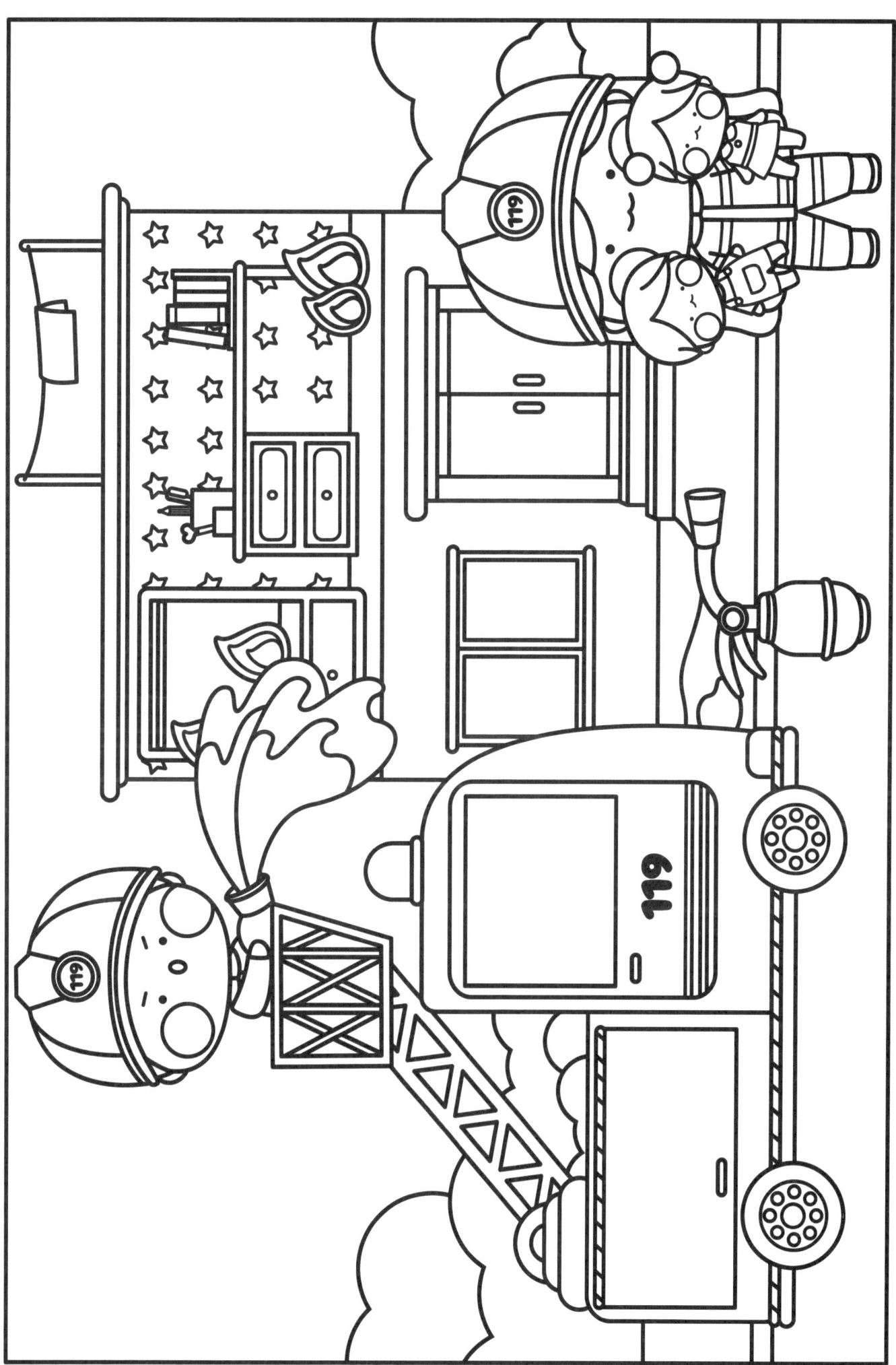

소방관 Firefighter

불이 나면 모두 대피해야 하지만 반대로 불과 맞서서 싸우는 사람들이 있어요. 바로 소방관이에요. 소방관은 불이 났을 때 가장 먼저 달려와 불을 끄고, 교통사고와 같은 응급 상황이 생겼을 때 출동해서 상황을 정리하고 사람을 구조하는 일을 해요. '긴급구조 119'라는 말처럼 신고를 받으면 누구보다 빠르게 달려와 생명을 구하고 일상을 되찾아준답니다.

소방관이 되기 위해서는 어떻게 해야 할까요? 자신보다 다른 사람의 생명을 먼저 생각하고 누군가가 위험에 처했을 때 가장 먼저 달려가는 용기가 있어야 해요. 또한 사람을 살리는 일을 하고 있다는 사명감도 가지고 있어야겠죠?

TIP. 엄마, 이렇게 놀아주세요.

1. 아이와 함께 도안을 예쁘게 색칠하면서 소방관이 하는 일과 소방관이 되는 방법에 대해 이야기를 나눠요. 일방적으로 설명해주는 것보다 아이가 스스로 생각할 수 있도록 시간을 주는 게 필요해요.

2. 화재 예방법과 불이 났을 때의 대처 방법을 알려줘요. 함께 가스 밸브를 잠근다거나 소화기 사용법을 익히는 것도 좋은 방법이에요.

의사 & 간호사 Doctor & Nurse

우리의 건강과 생명을 책임지는 의사와 간호사예요. 의사는 우리 몸에 대한 전문 지식을 가지고 어디가 어떻게 아픈지, 왜 아픈지를 확인하고, 더 이상 아프지 않게 수술을 하거나 약을 처방해주고요. 간호사는 의사의 처방에 따라 환자를 보살피고 항상 곁에서 돌봐줘요. 요즘같이 힘들 때 의사와 간호사에 대한 고마운 마음을 가졌으면 좋겠어요.

의사와 간호사가 되기 위해서는 어떻게 해야 할까요? 생명을 다루는 일을 하기 때문에 공부를 아주 열심히 해야 해요. 또한 생명을 소중히 여길 줄 아는 마음과 질병과 싸워 이길 줄 아는 집념도 필요하죠. 다른 사람의 아픔에 공감하고 나보다는 타인을 먼저 생각하는 이타적인 마음도 있어야 해요.

TIP. 엄마, 이렇게 놀아주세요.

1. 아이와 함께 도안을 예쁘게 색칠하면서 의사와 간호사가 하는 일과 의사와 간호사가 되는 방법에 대해 이야기를 나눠요. 일방적으로 설명해주는 것보다 아이가 스스로 생각할 수 있도록 시간을 주는 게 필요해요.

2. 병원에 방문했던 경험을 떠올려보고 그때 기분이 어땠는지, 의사 선생님과 간호사 선생님들이 어떻게 대해줬는지 얘기해요. 또 감기나 배탈과 같은 가벼운 증상에 대해 왜 이런 질병에 걸리는지와 어떻게 하면 예방할 수 있는지 알아보는 것도 좋아요.

사육사 Zookeeper

동물들의 엄마 아빠가 되어 가족처럼 돌봐주는 사육사예요. 매일매일 맛있는 먹이를 챙겨주고, 아픈 곳은 없는지 살피고, 깨끗하게 생활할 수 있도록 청소도 해요. 또한 좁은 공간에만 있어야 하는 동물들을 위해 함께 놀아주기도 한답니다.

사육사가 되기 위해서는 어떻게 해야 할까요? 먼저 동물을 사랑하는 마음이 있어야 해요. 동물들도 우리와 같은 생명체이고 감정을 느낄 수 있으므로 소중하게 대해야 하거든요. 또한 동물들은 말을 하지 못하기 때문에, 유심히 살피며 마음을 읽으려 노력해야 해요. 그러려면 열린 마음과 섬세함이 필요하겠죠?

TIP. 엄마, 이렇게 놀아주세요.

1. 아이와 함께 도안을 예쁘게 색칠하면서 사육사가 하는 일과 사육사가 되는 방법에 대해 이야기를 나눠요. 일방적으로 설명해주는 것보다 아이가 스스로 생각할 수 있도록 시간을 주는 게 필요해요.

2. 강아지나 고양이의 행동을 유심히 살펴보고, 왜 이런 행동을 하는지 유추하며 동물의 마음을 읽는 놀이를 해보세요. 그다음 책이나 인터넷을 통해 직접 답을 찾아보세요. 동물을 직접 볼 수 없다면 영상물을 활용해도 좋아요.

어린이집 선생님 Nursery teacher

바쁜 부모님을 대신해 아이들을 보살피는 어린이집 선생님이에요. 어린이집에서 선생님은 아이들의 엄마나 다름없어요. 먹고, 놀고, 자는 것 등 아이들의 모든 것에 대해서 신경을 쓰고 보살핀답니다. 또한 아이들의 사회화를 위해 공공질서나 예절을 가르치고 한글이나 숫자 등 간단한 공부도 알려줘요.

어린이집 선생님이 되기 위해서는 어떻게 해야 할까요? 아이를 사랑하는 마음이 커야 해요. 또한 여러 명의 아이를 돌봐야 하므로 체력도 있어야 하고, 아이들에게서 눈을 떼지 않는 집중력과 넓은 시야도 필요해요.

TIP. 엄마, 이렇게 놀아주세요.

1. 아이와 함께 도안을 예쁘게 색칠하면서 어린이집 선생님이 하는 일과 어린이집 선생님이 되는 방법에 대해 이야기를 나눠요. 일방적으로 설명해주는 것보다 아이가 스스로 생각할 수 있도록 시간을 주는 게 필요해요.

2. 동생을 돌보는 방법을 알려줘요. 동생에게 밥을 먹이거나 놀아주면서 자연스럽게 직업을 이해할 수 있게 될 거예요. 동생이 없다면 애착인형을 돌봐주는 것도 좋아요.

학교 선생님 School teacher

학생들을 가르치는 학교 선생님이에요. 학교 선생님의 역할 중 가장 큰 비중을 차지하는 건 학생들에게 공부를 가르치는 것이에요. 국어, 영어, 수학 등은 물론 음악과 미술, 체육 등 다양한 과목을 알려줘요. 이외에도 학생들의 사회성을 길러주고 미래에 대한 길잡이 역할도 해준답니다.

학교 선생님이 되기 위해서는 어떻게 해야 할까요? 학생들에게 공부를 가르쳐줘야 하기 때문에 공부를 아주 열심히 해야 해요. 매번 새로운 수업 준비를 해야 하니 성실해야 하고, 학생들에게 모범이 되어야 하니 바른 생활을 해야 해요.

TIP. 엄마, 이렇게 놀아주세요.

1. 아이와 함께 도안을 예쁘게 색칠하면서 학교 선생님이 하는 일과 학교 선생님이 되는 방법에 대해 이야기를 나눠요. 일방적으로 설명해주는 것보다 아이가 스스로 생각할 수 있도록 시간을 주는 게 필요해요.

2. 간단한 문제를 두고 아이가 선생님이 되어 엄마에게 문제를 알려주도록 유도해보세요. 아이의 자존감이 높아짐은 물론 해당 문제에 대해 완벽하게 이해할 수 있어요.

마술사 Magician

아이들에게 '불가능은 없다'라는 것을 시각적으로 보여주는 마술사예요. 아무것도 없는 모자에서 토끼가 나오고 빨간 공이 사과로 변하는 등 다양한 마술을 통해 사람들에게 재미를 선사해요. 마술사라는 직업이 흔하지는 않지만 그만큼 특별하다고 할 수 있어요.

마술사가 되기 위해서는 어떻게 해야 할까요? 불가능을 불가능이라고 생각하지 않고 가능하게 만들려는 노력과 끈기가 있어야 해요. 재빠르게 트릭을 구사할 수 있는 빠른 눈과 손도 필요하고, 사람들의 이목을 집중시킬 수 있는 재치 있는 입담과 연기력 또한 필수 요소랍니다.

TIP. 엄마, 이렇게 놀아주세요.

1. 아이와 함께 도안을 예쁘게 색칠하면서 마술사가 하는 일과 마술사가 되는 방법에 대해 이야기를 나눠요. 일방적으로 설명해주는 것보다 아이가 스스로 생각할 수 있도록 시간을 주는 게 필요해요.
2. 마술 트릭을 알려주는 동영상을 활용해 간단한 마술을 배워봐요. 아이가 직접 배운 마술을 친구들에게 선보이며 자신감을 가질 수 있도록 도와주세요.

애견 미용사 Pet dog hairdresser

사랑하는 반려동물을 더욱 사랑스럽게 만들어주는 애견 미용사예요. 반려동물을 깨끗하게 씻기고, 털과 발톱을 관리하고, 예쁜 옷을 입혀주어요. 이 과정에서 반려동물의 건강 상태를 확인해 수의사에게 적절한 치료를 받을 수 있도록 알려주기도 해요.
애견 미용사가 되기 위해서는 어떻게 해야 할까요? 먼저 동물들을 사랑하는 마음이 필요해요. 사랑하는 마음이 있어야 더욱 예쁘게 꾸며줄 수 있으니까요. 또한 동물들을 예쁘게 미용해줄 수 있는 손재주도 있어야 해요.

TIP. 엄마, 이렇게 놀아주세요.

1. 아이와 함께 도안을 예쁘게 색칠하면서 애견 미용사가 하는 일과 애견 미용사가 되는 방법에 대해 이야기를 나눠요. 일방적으로 설명해주는 것보다 아이가 스스로 생각할 수 있도록 시간을 주는 게 필요해요.
2. 강아지 그림이나 사진을 준비하고 다양한 도구로 꾸며요. 색연필로 염색을 시키거나 색종이를 오려 강아지에게 옷을 입혀주세요.

요리사 Chef

정성껏 맛있는 음식을 만들어 손님들에게 대접하는 요리사예요. 식재료와 요리 도구에 대해 공부하고 기존의 요리법을 분석하고 따라 하며 음식을 만들어요. 새로운 음식을 개발하거나 자신만의 음식점을 경영하기도 하고, 다른 사람들에게 요리법을 알려주기도 해요.

요리사가 되기 위해서는 어떻게 해야 할까요? 먹는 걸 좋아해야 해요. 먹는 걸 좋아하면 자연스럽게 만드는 방법에도 관심이 생기거든요. 어떻게 하면 더 맛있을까 고민하고 연구하는 자세가 필요해요.

TIP. 엄마, 이렇게 놀아주세요.

1. 아이와 함께 도안을 예쁘게 색칠하면서 요리사가 하는 일과 요리사가 되는 방법에 대해 이야기를 나눠요. 일방적으로 설명해주는 것보다 아이가 스스로 생각할 수 있도록 시간을 주는 게 필요해요.

2. 아이와 함께 간단한 음식을 만들어보세요. 불을 사용하지 않고 만들 수 있는 주먹밥이나 김밥 등이 좋아요. 아이가 직접 만들면 음식에 대한 호기심도 충족시킬 수 있고 무엇보다 편식하는 습관을 고칠 수 있어요.

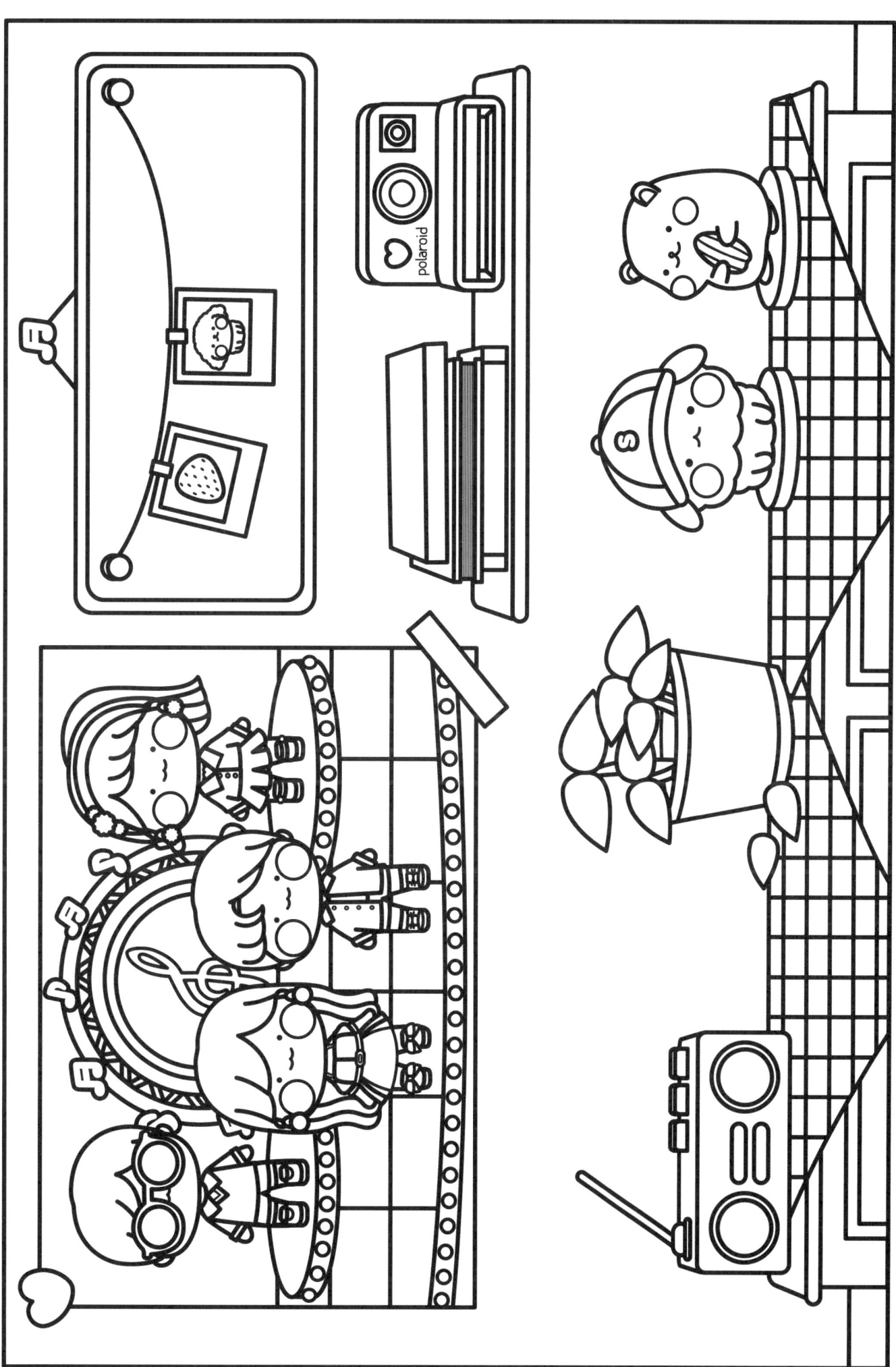

아이돌 Idol

노래를 부르며 마음껏 끼를 펼칠 수 있는 아이돌이에요. 아름다운 노랫말로 마음을 어루만지기도 하고 딱딱 맞는 칼군무로 화려한 퍼포먼스를 보여주기도 해요. 요즘에는 'K-POP'이라는 이름으로 전세계에서 인정을 받으며 나라의 위상을 높이는 등 선한 영향력을 보이기도 해요.

아이돌이 되기 위해서는 어떻게 해야 할까요? 다른 사람들 앞에서 춤추고 노래 부르는 것을 좋아해야 하고, 그만큼 재능이 있어야 해요. 또한 꾸준히 연습할 수 있는 근성과 끈기, 의지력이 있어야 해요. 무대 위 3분의 시간을 위해 많은 땀과 눈물을 흘려야 한답니다.

TIP. 엄마, 이렇게 놀아주세요.

1. 아이와 함께 도안을 예쁘게 색칠하면서 아이돌이 하는 일과 아이돌이 되는 방법에 대해 이야기를 나눠요. 일방적으로 설명해주는 것보다 아이가 스스로 생각할 수 있도록 시간을 주는 게 필요해요.
2. 신나는 노래를 틀고 노래를 따라 부르거나 춤을 춰요. 몸을 움직이면서 운동도 되고 스트레스도 해소할 수 있어요.

PART 4

띠부띠부 직업놀이
도안

띠부띠부 직업놀이의 도안을 준비했어요. 책에서 소개하고 있는 직업을 모두 만들 수 있도록 전 작품의 도안을 수록했으니 원하는 도안을 선택해 만들어보세요. 도안을 만들 때는 다치지 않게 언제나 손 조심하는 것 잊지 마세요!

[캐릭터 보관책 ①]

1

2

3

[캐릭터 보관책②]

④

⑤

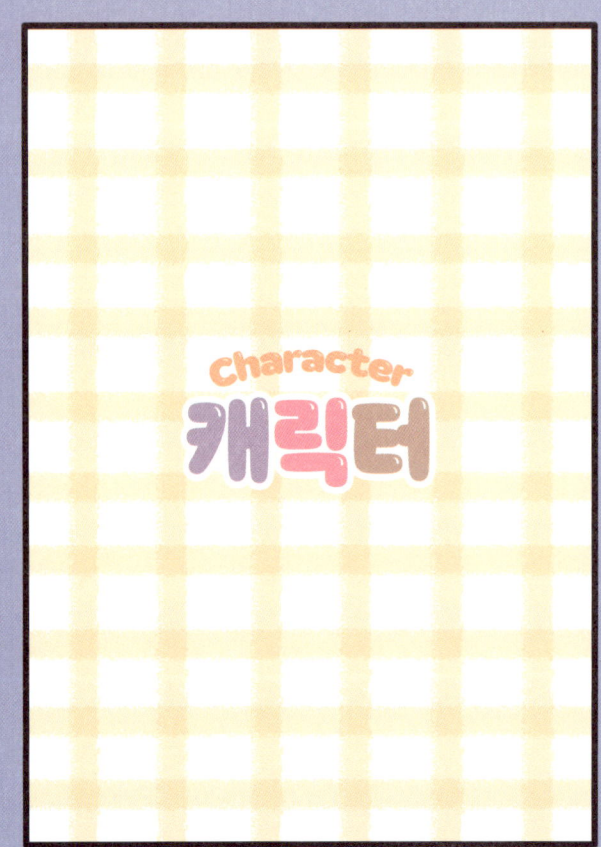

[캐릭터 ①]

88

90

[경찰관 ①]

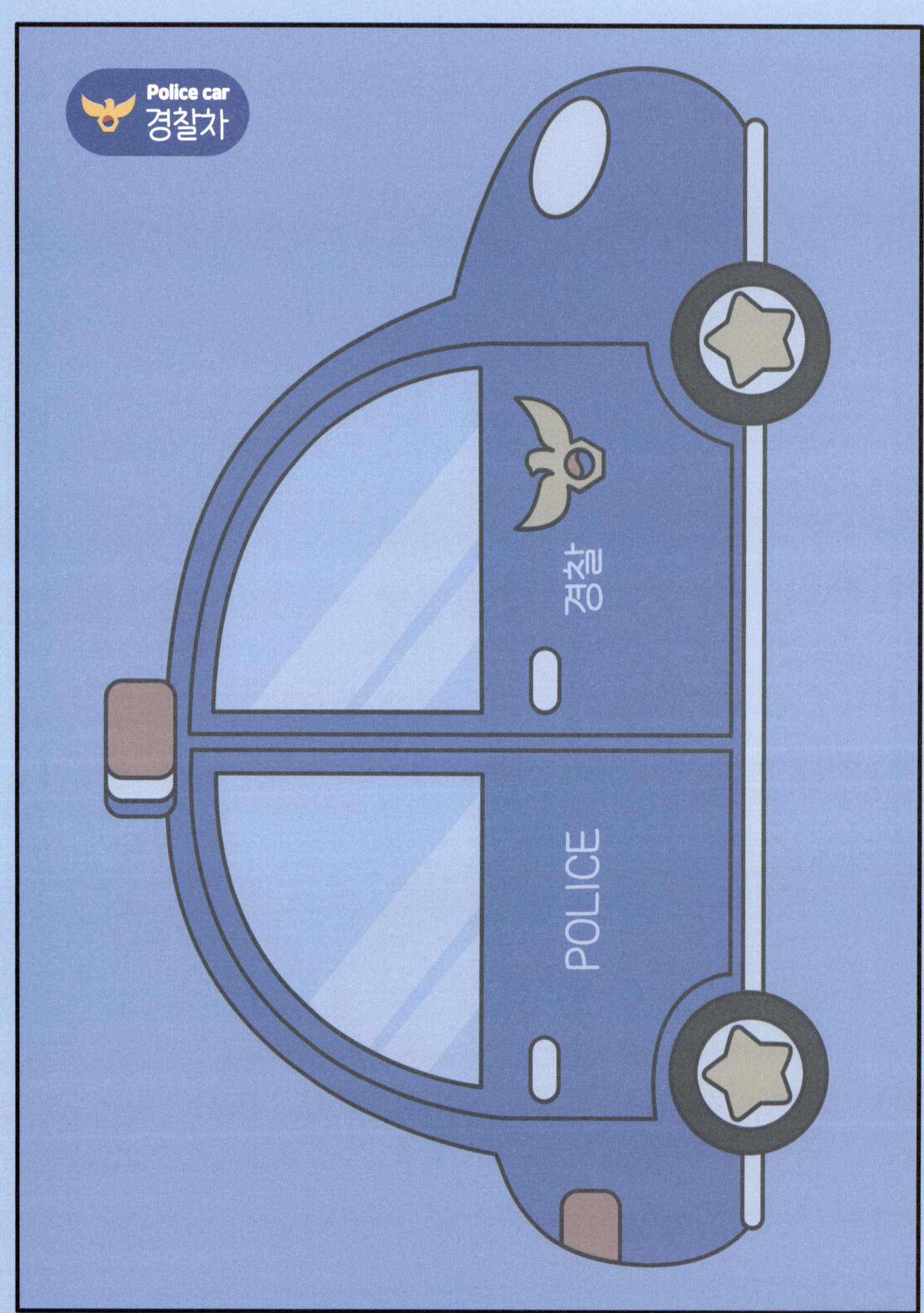

Police
경찰관

[경찰관④]

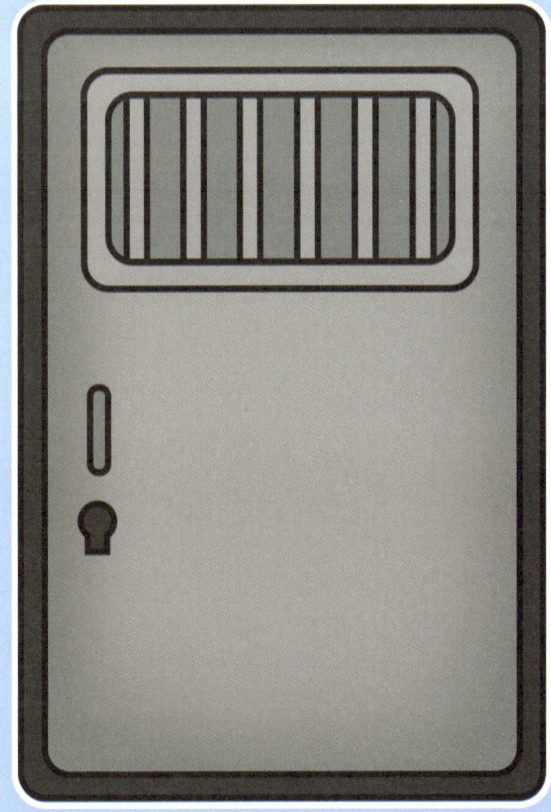
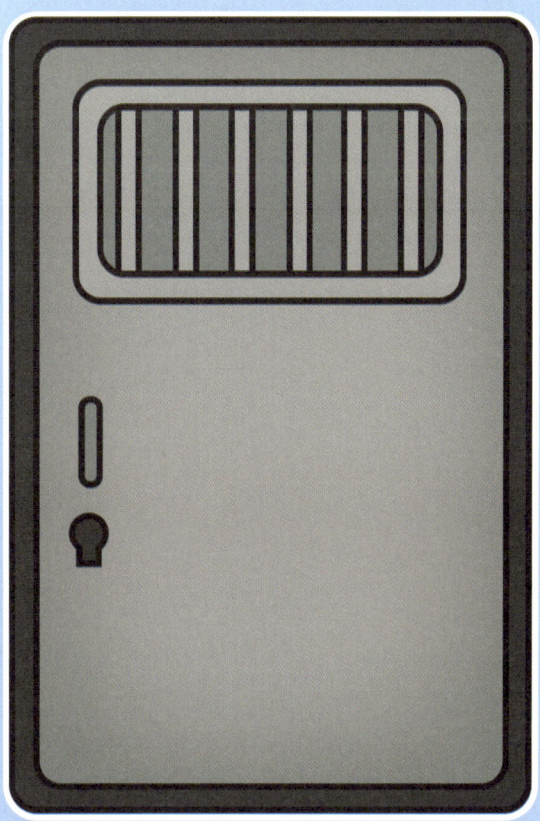

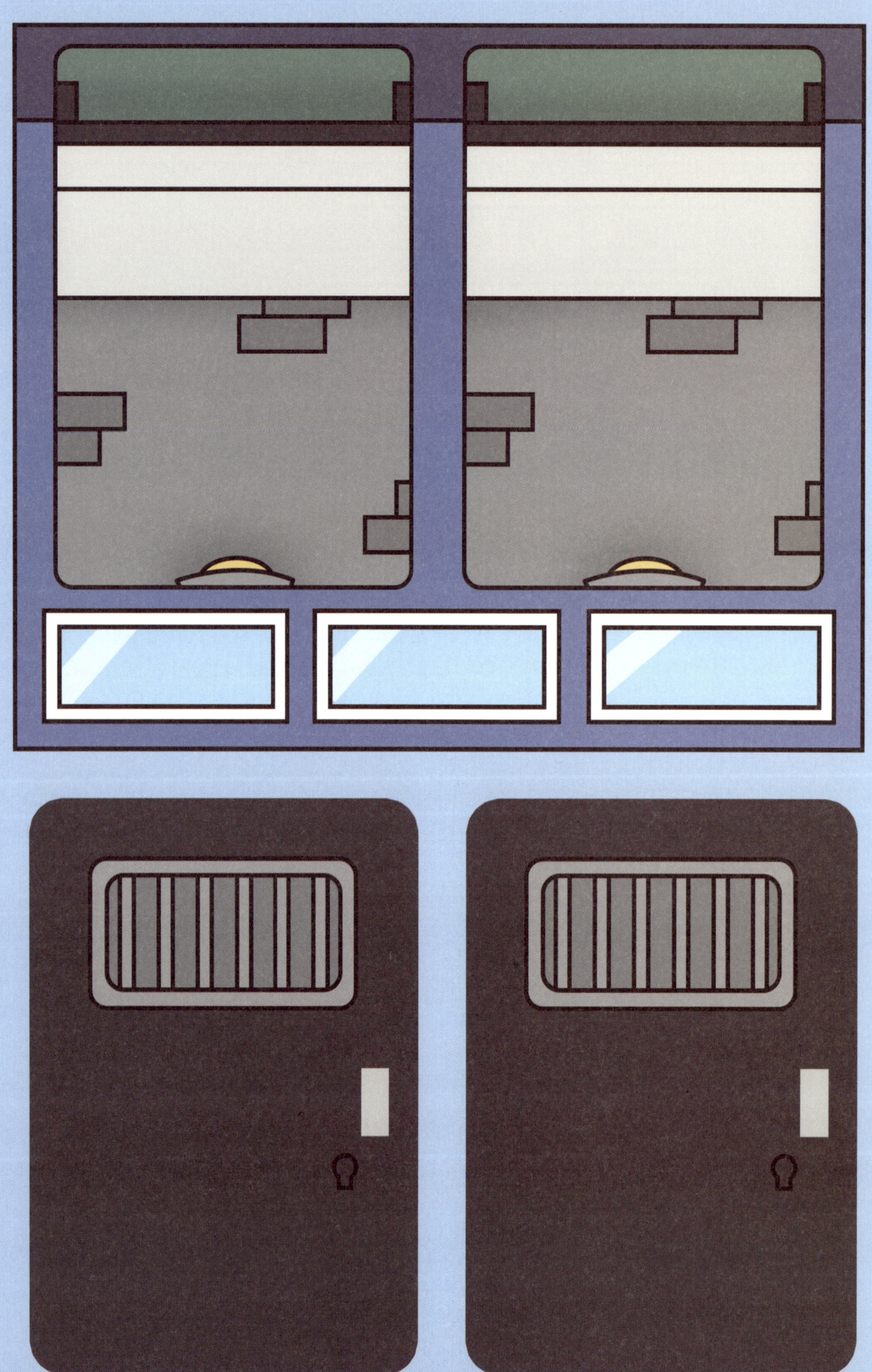

[경찰관⑤]

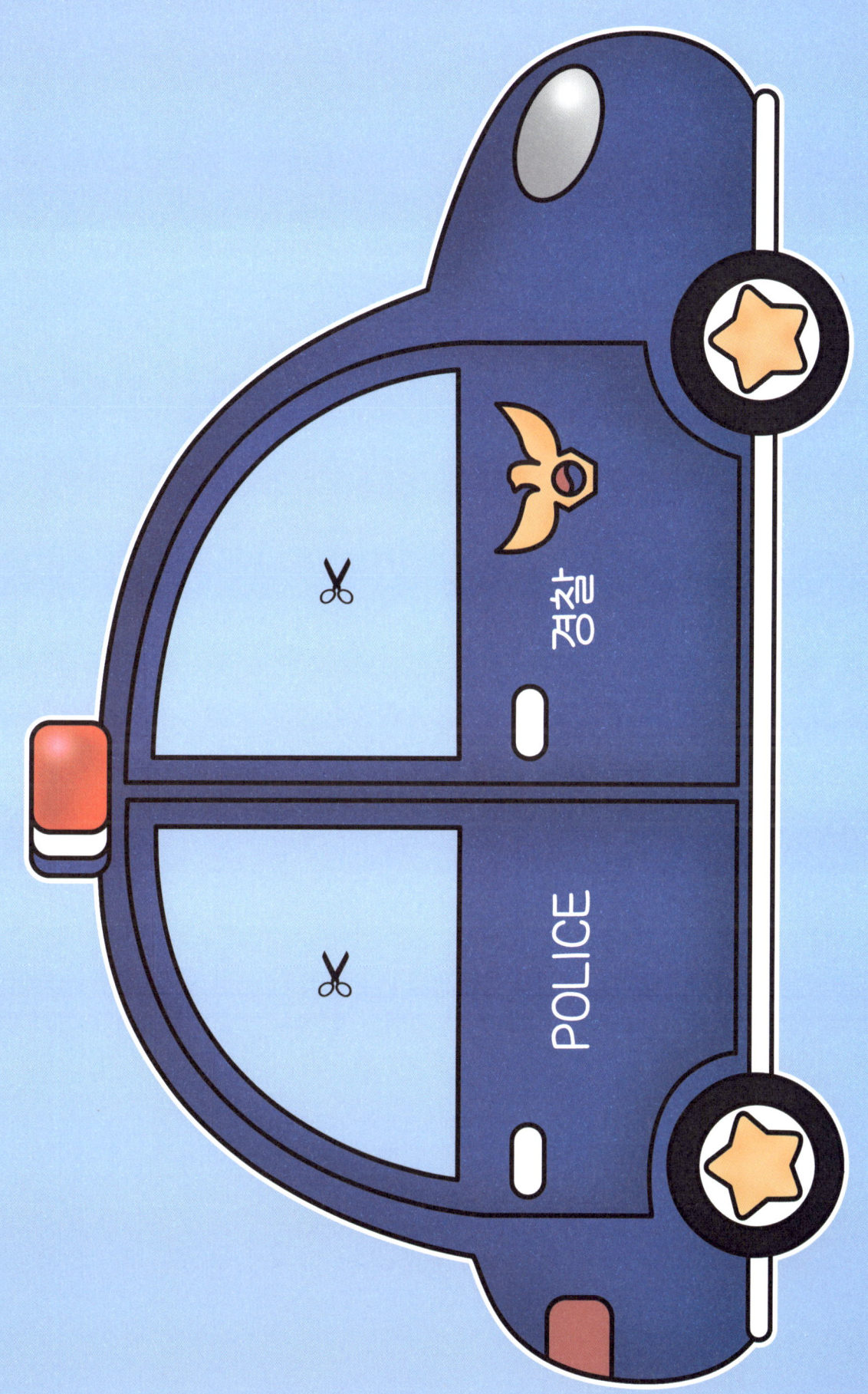

[경찰관⑥]

A

[소방관①]

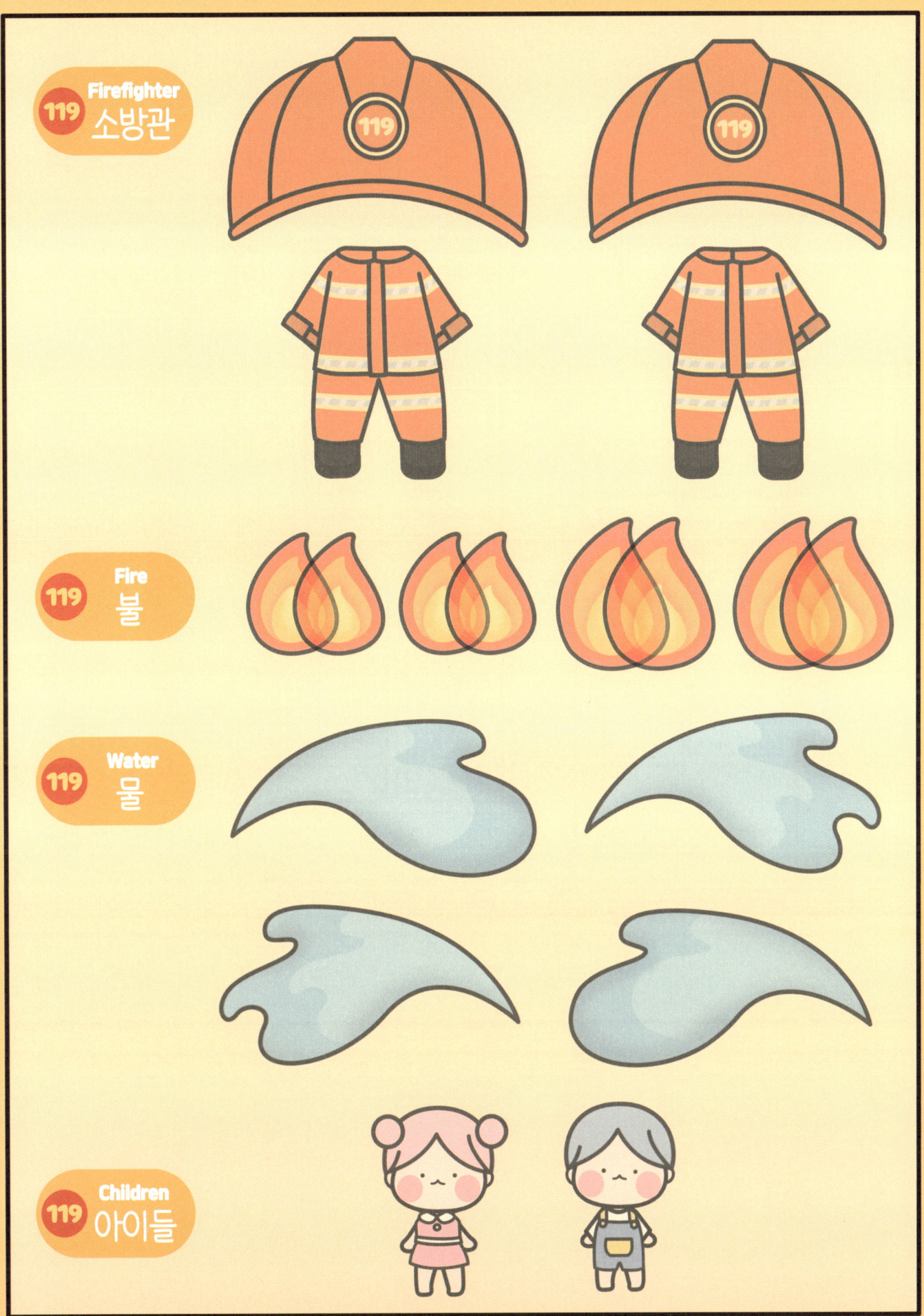

[소방관③]

[소방관④]

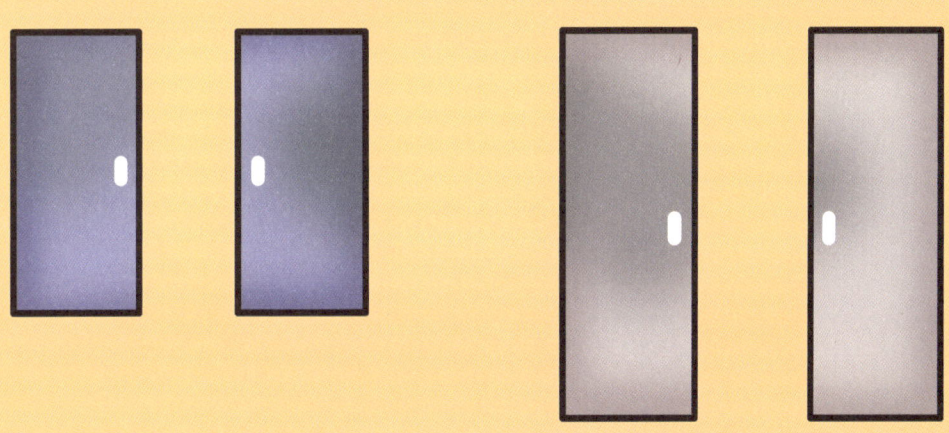

[소방관④]

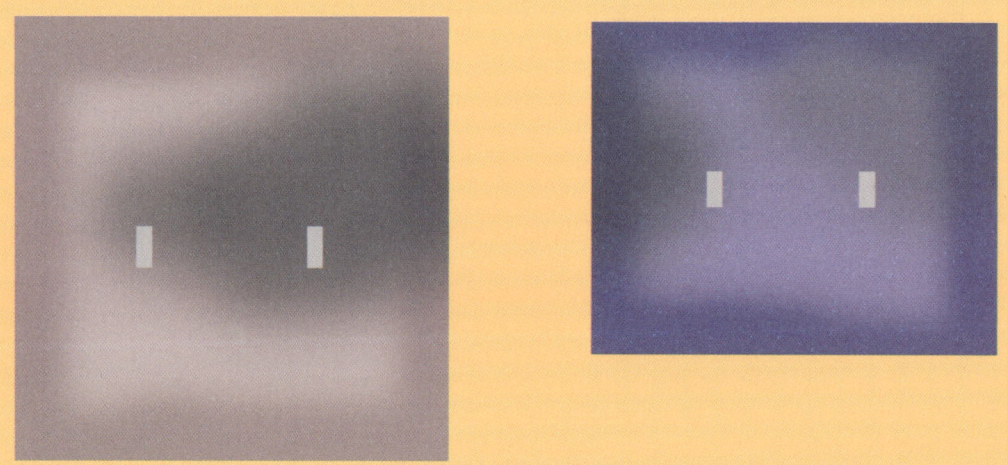

[소방관⑤]

[소방관⑥]

[소방관 ⑦]

120

[의사&간호사 ①]

의사 & 간호사
Doctors & Nurses

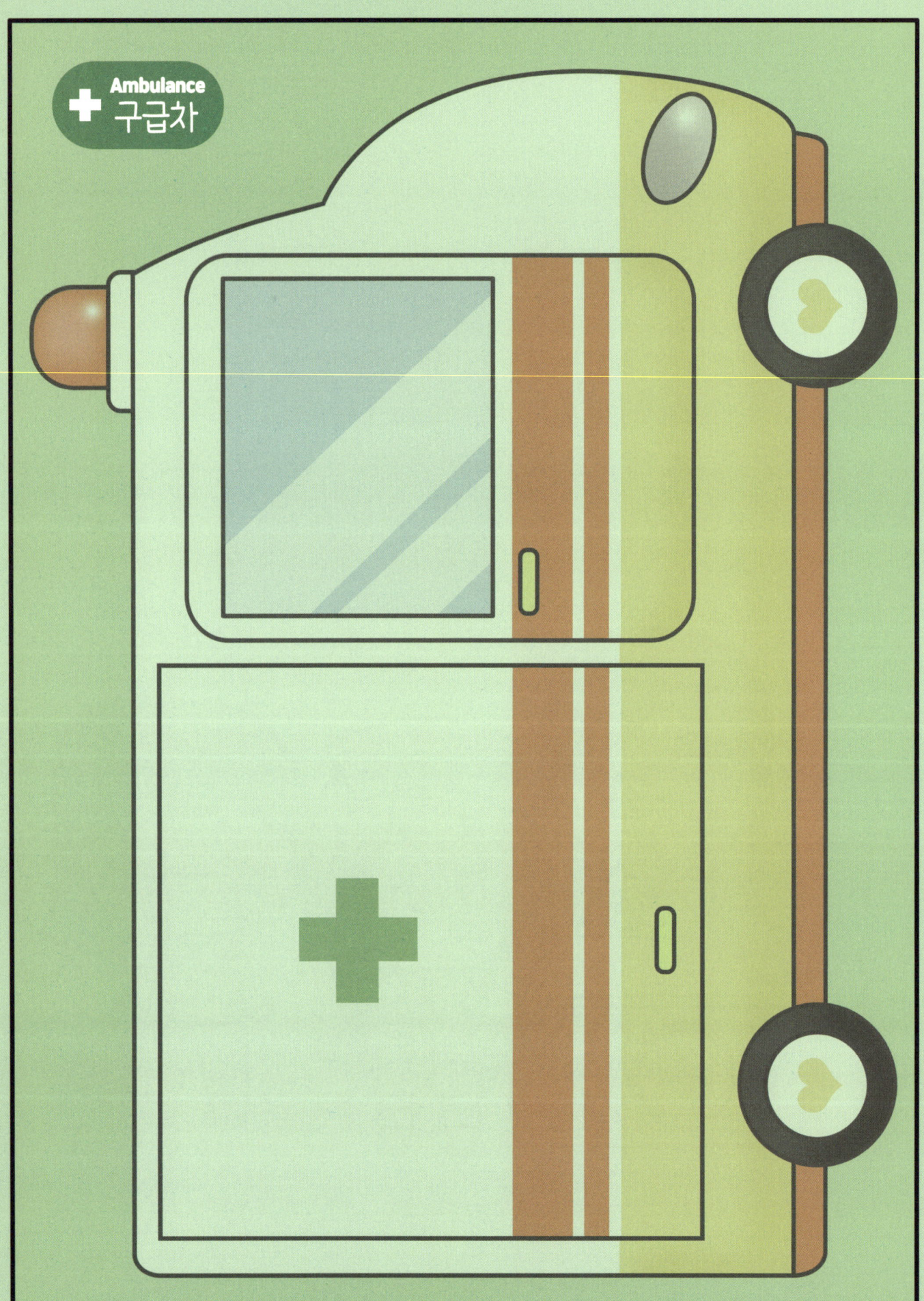

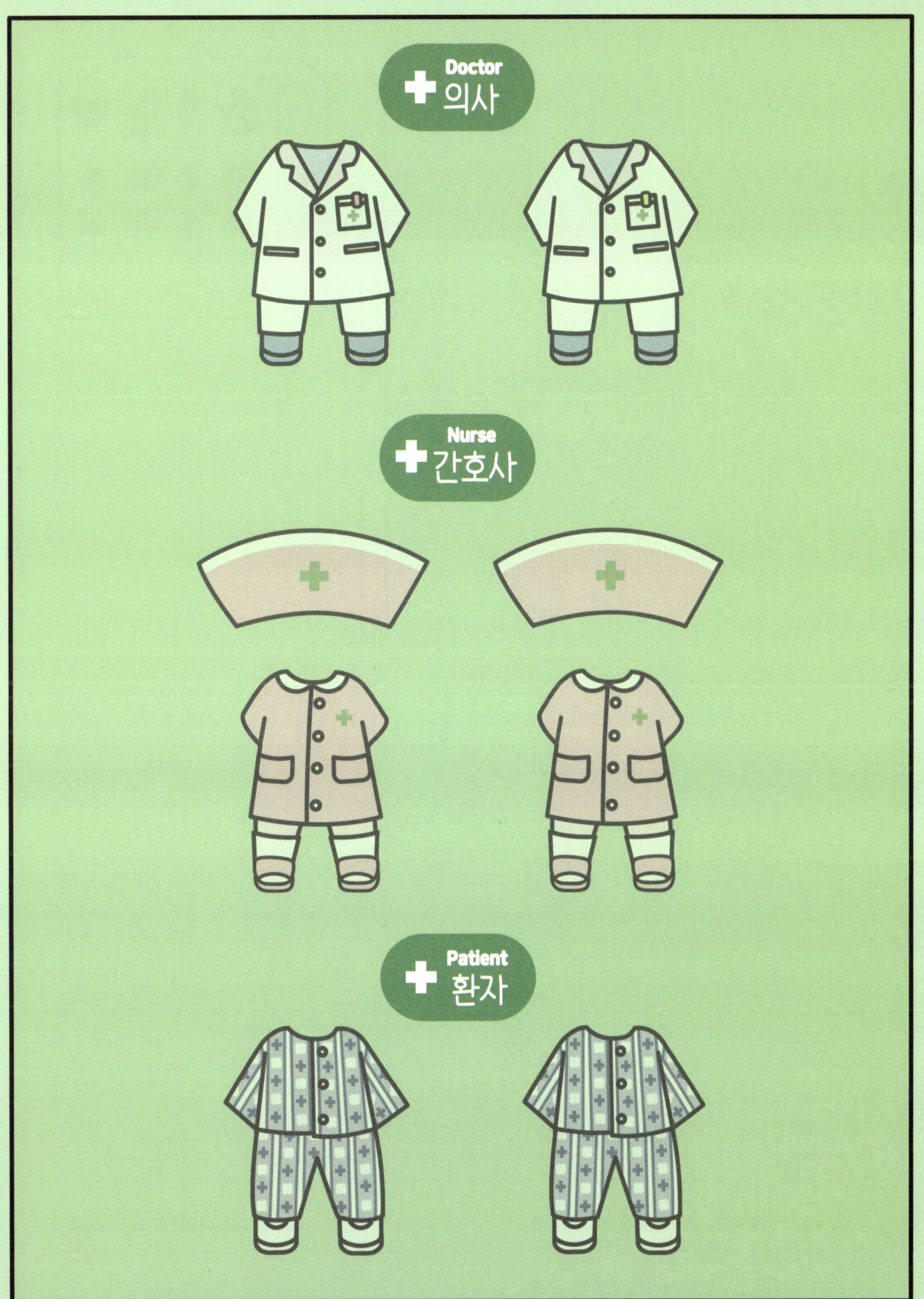

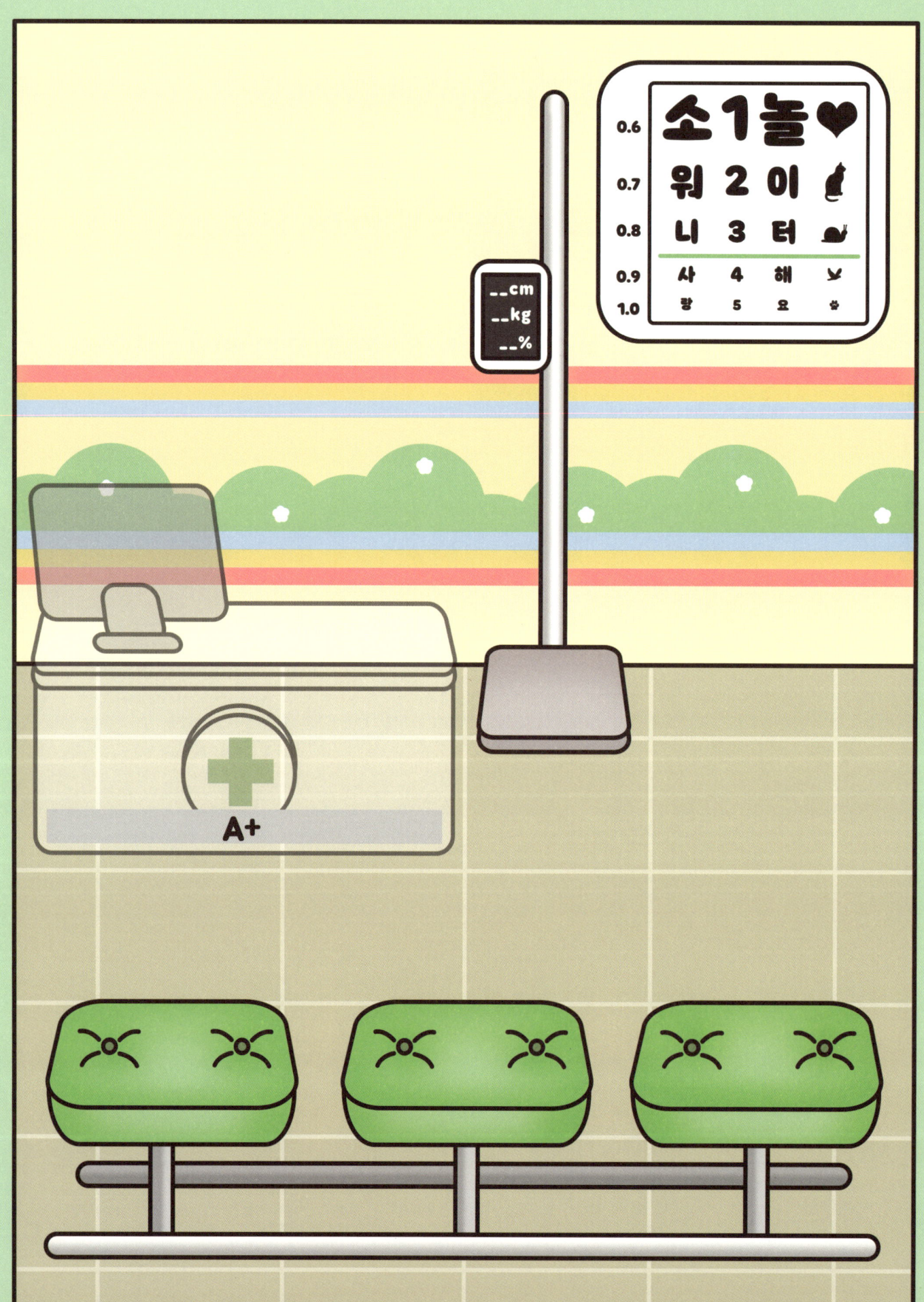

[의사&간호사③]

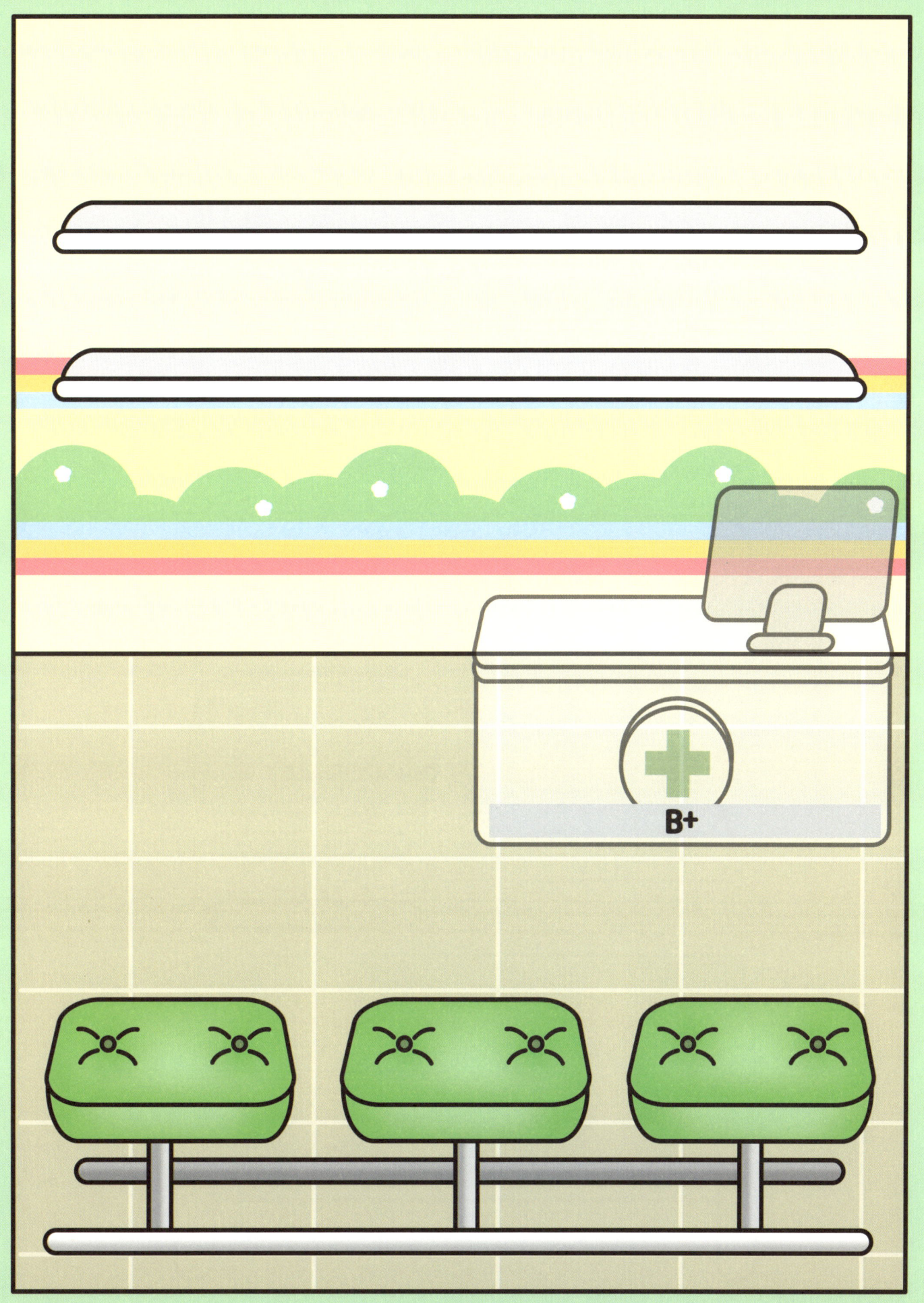

[의사&간호사④]

Doctors & Nurses
의사 & 간호사

[의사&간호사 ⑤]

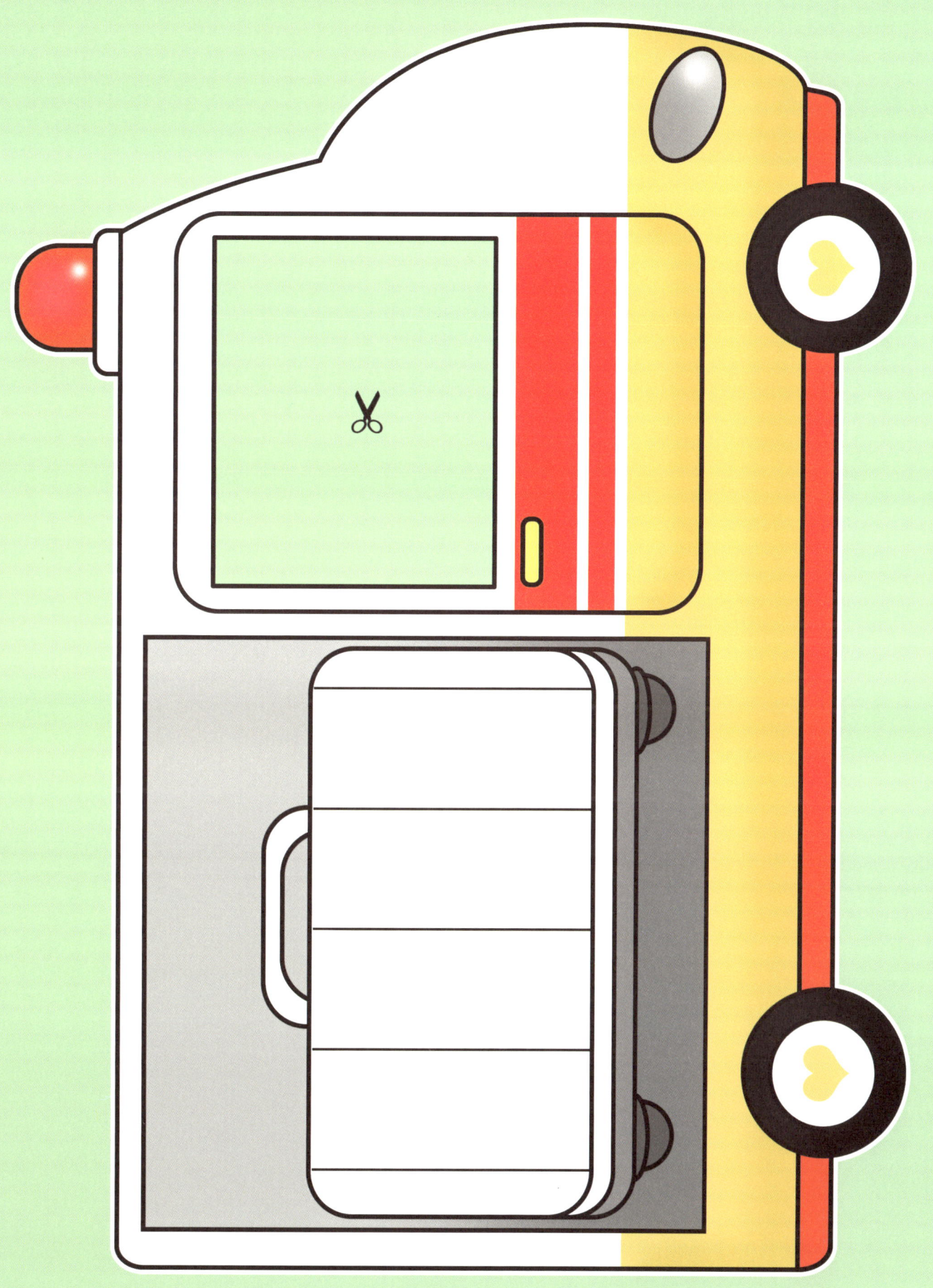

[의사&간호사⑥]

[의사&간호사 ⑦]

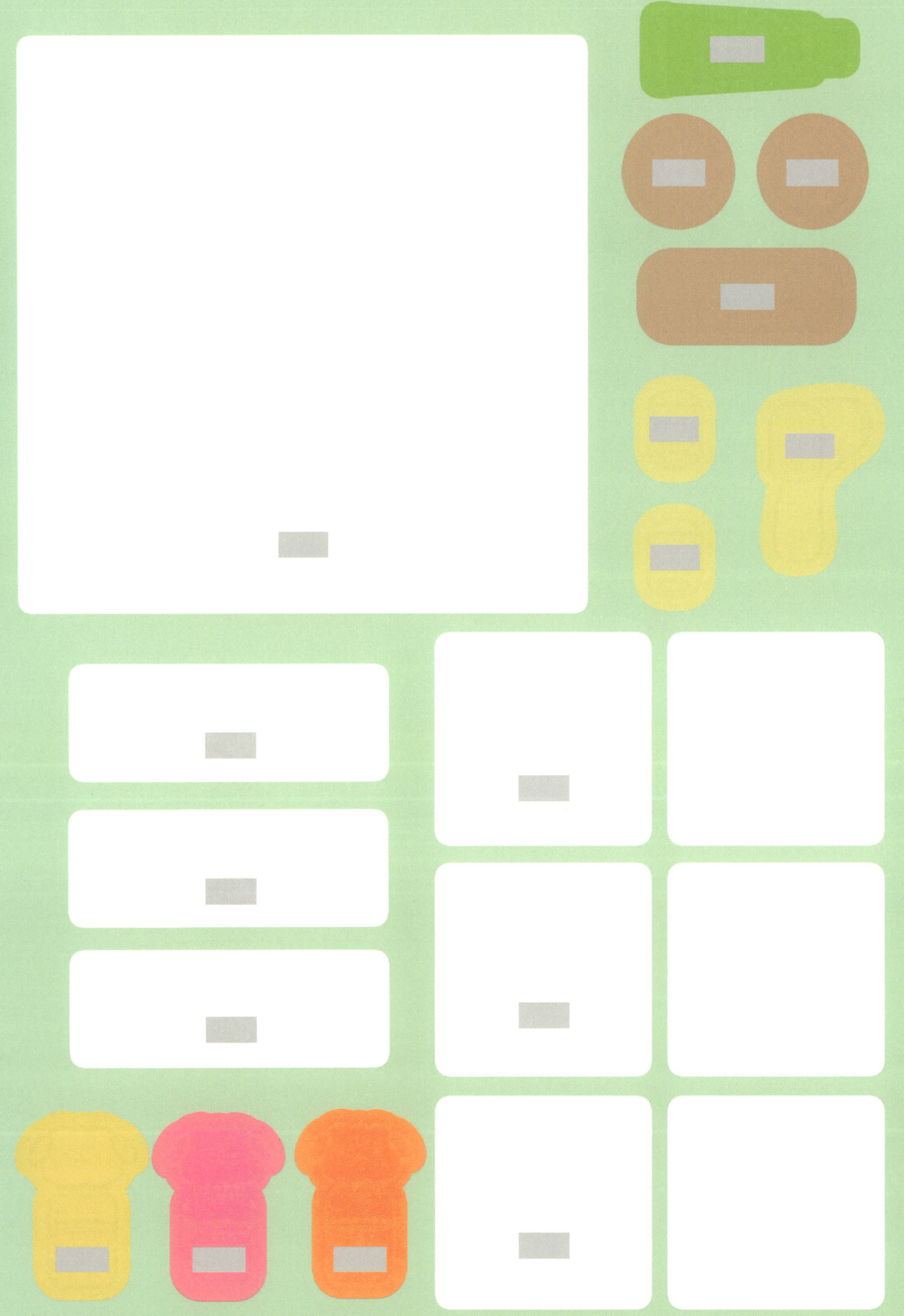

[의사&간호사⑧]

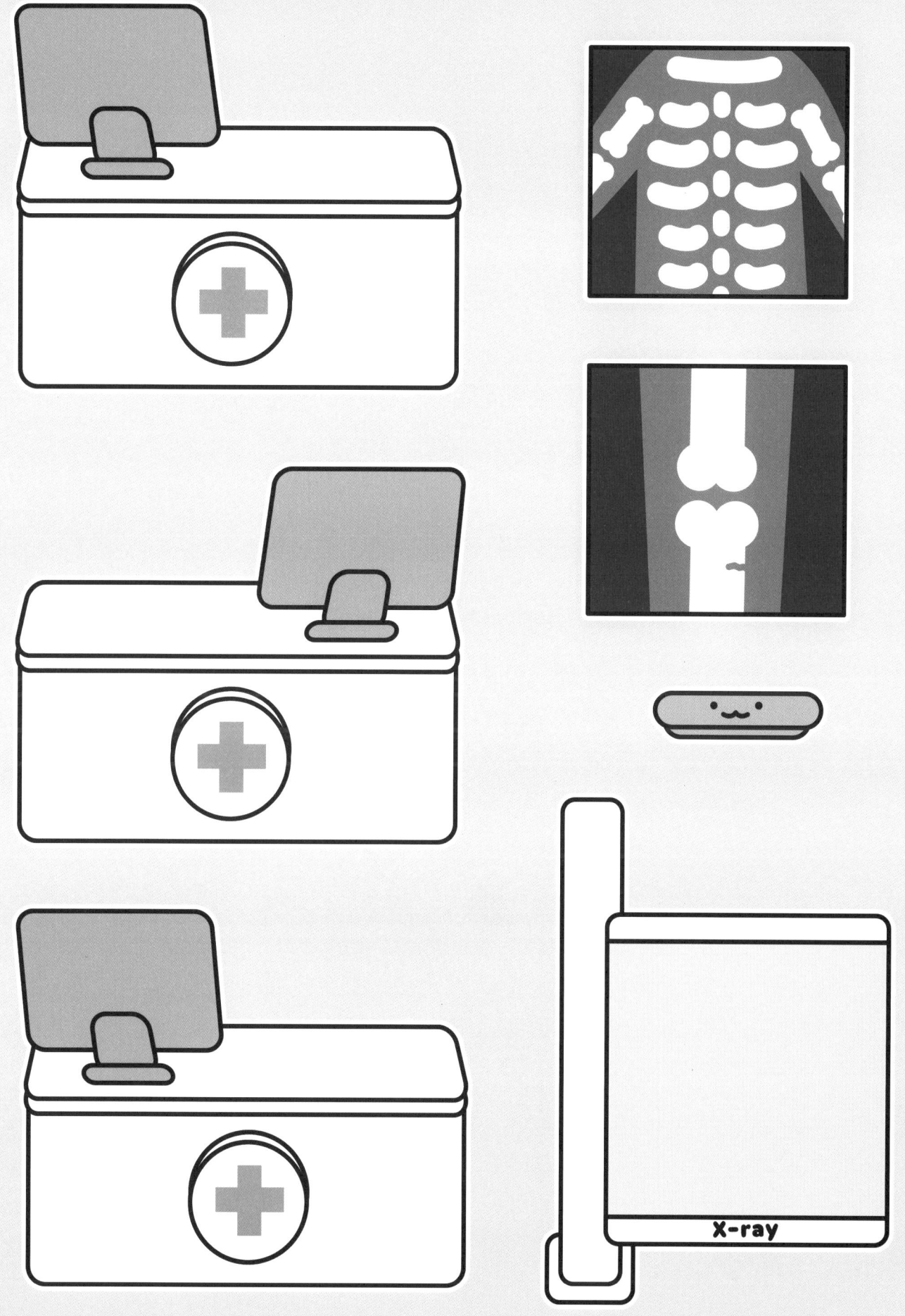

[의사&간호사 ⑨]

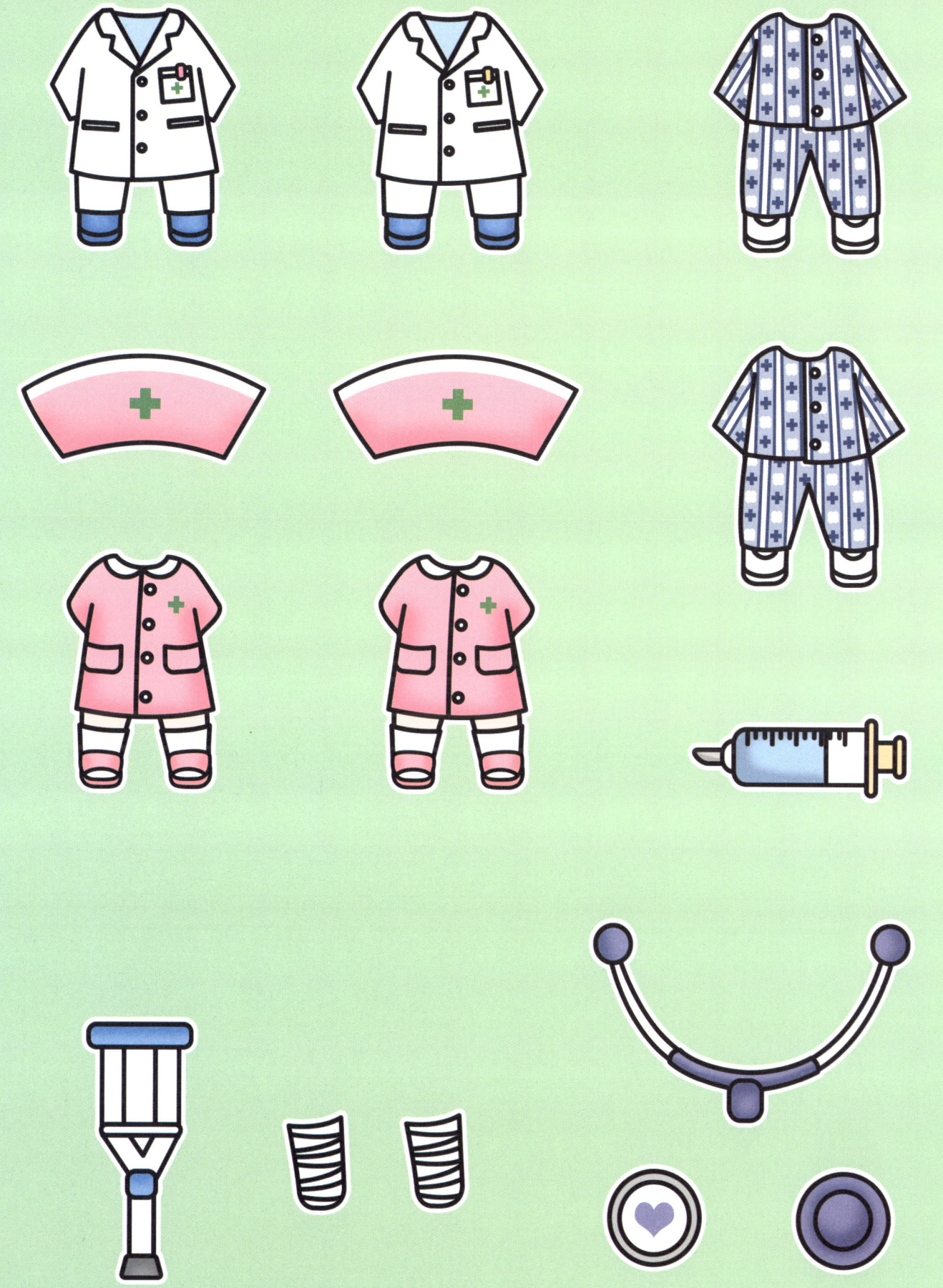

종이양면테이프

138

[사육사 ②]

[사육사 ④]

Zookeeper
사육사

[사육사⑤]

[사육사⑥]

[사육사⑦]

[어린이집 선생님 ①]

 **Teacher 선생님**

 **Baby 아기**

 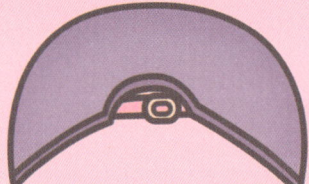  

 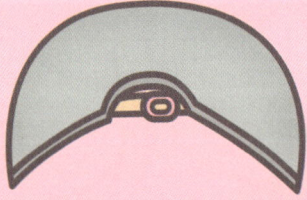  

[어린이집 선생님②]

[어린이집 선생님③]

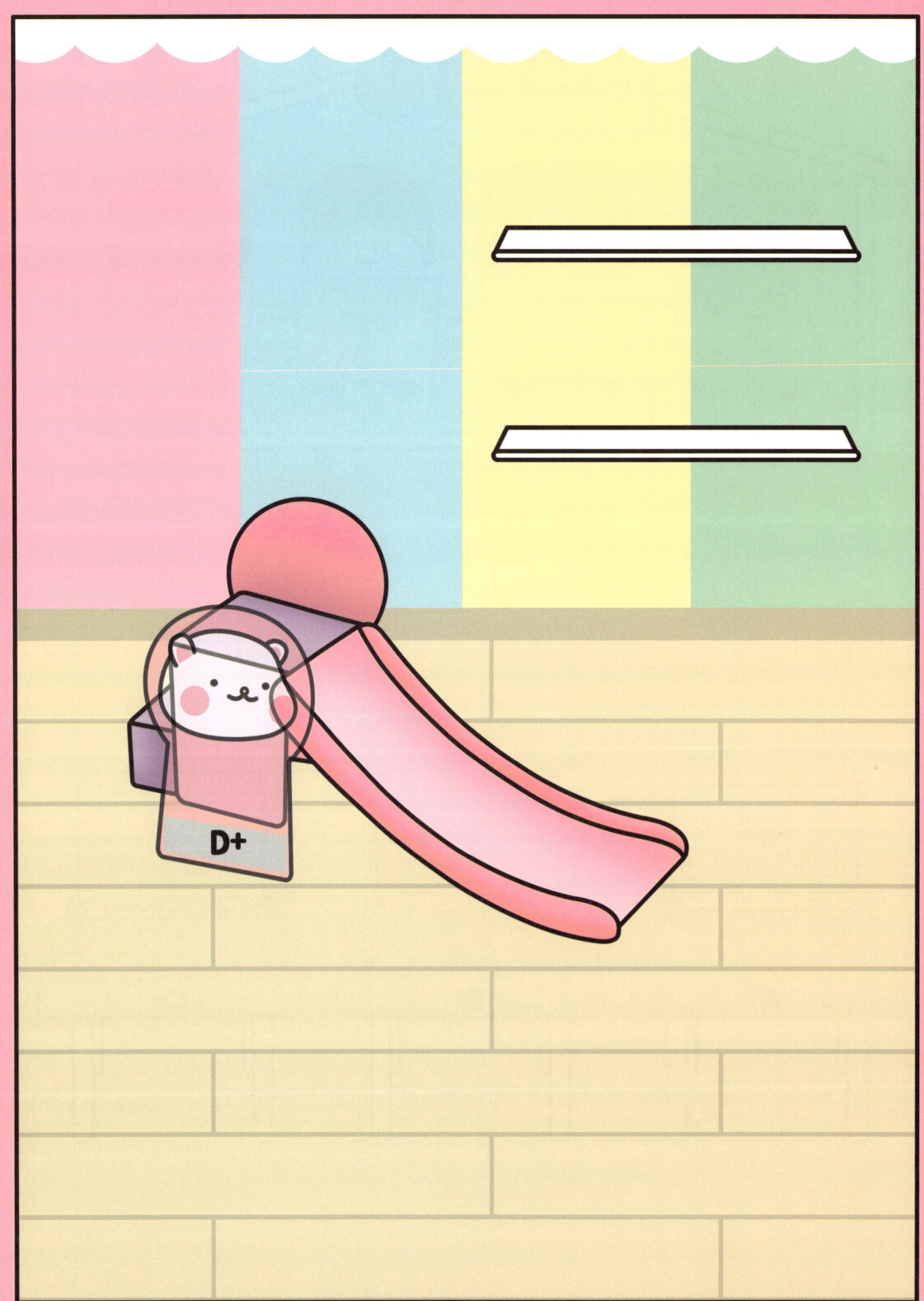

[어린이집 선생님④]

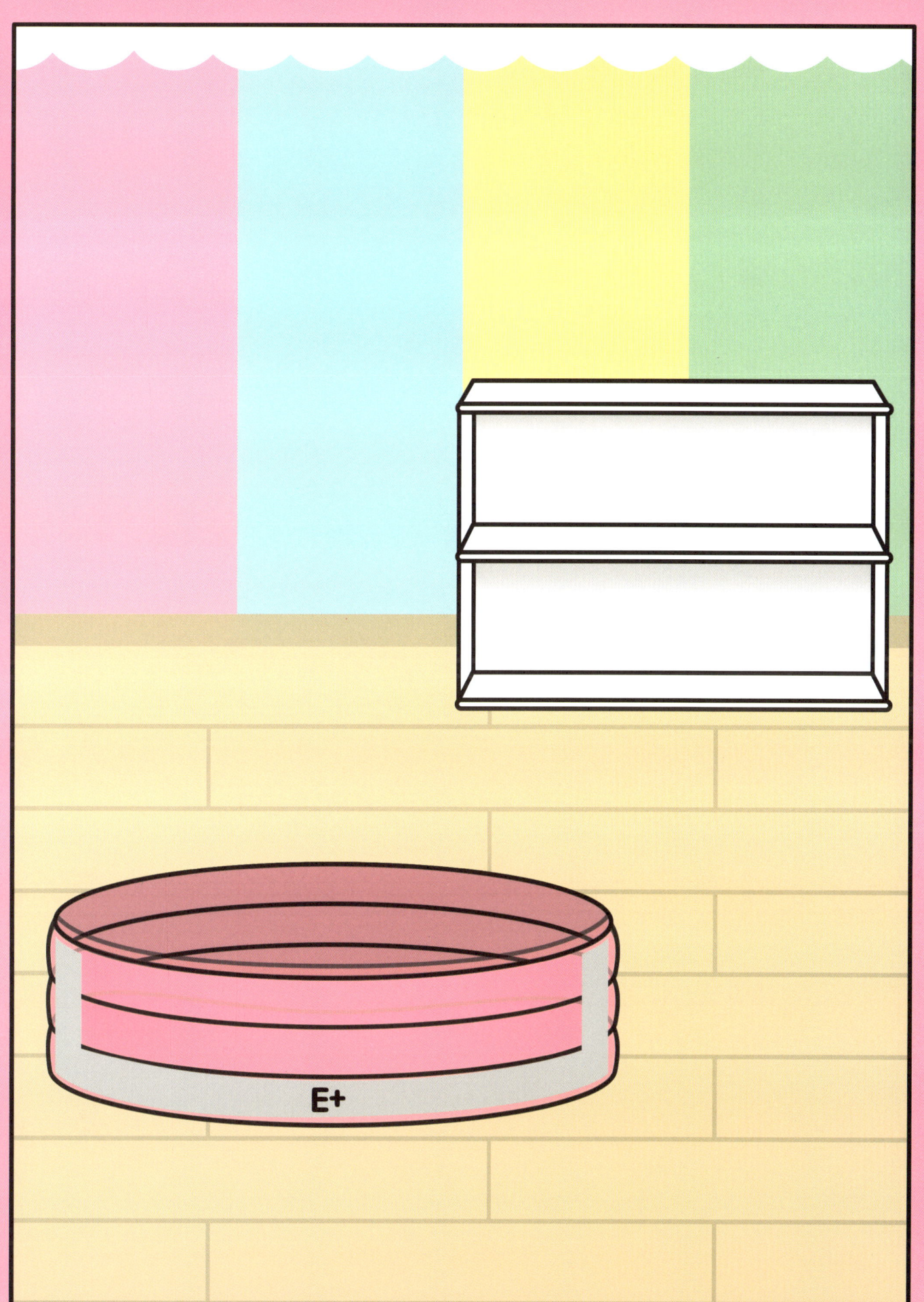

Nursery Teacher
어린이집 선생님

[어린이집 선생님⑤]

[어린이집 선생님⑦]

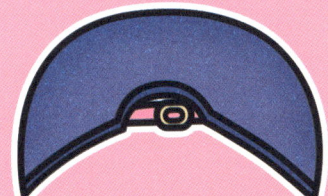

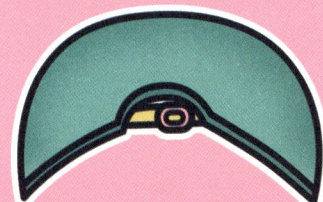

[학교선생님 ①]

school teacher
학교 선생님

 Blackboard 칠판

수학 시간

1 + 5 =   7 - 2 =
4 + 3 =   10 - 4 =
2 + 7 =   9 - 5 =
6 + 8 =   6 - 3 =

국어 시간

등잔 □이 어둡다.
□는 도끼에 발등 찍힌다.

[학교선생님 ②]

 **Teacher** 선생님

 **Student** 학생

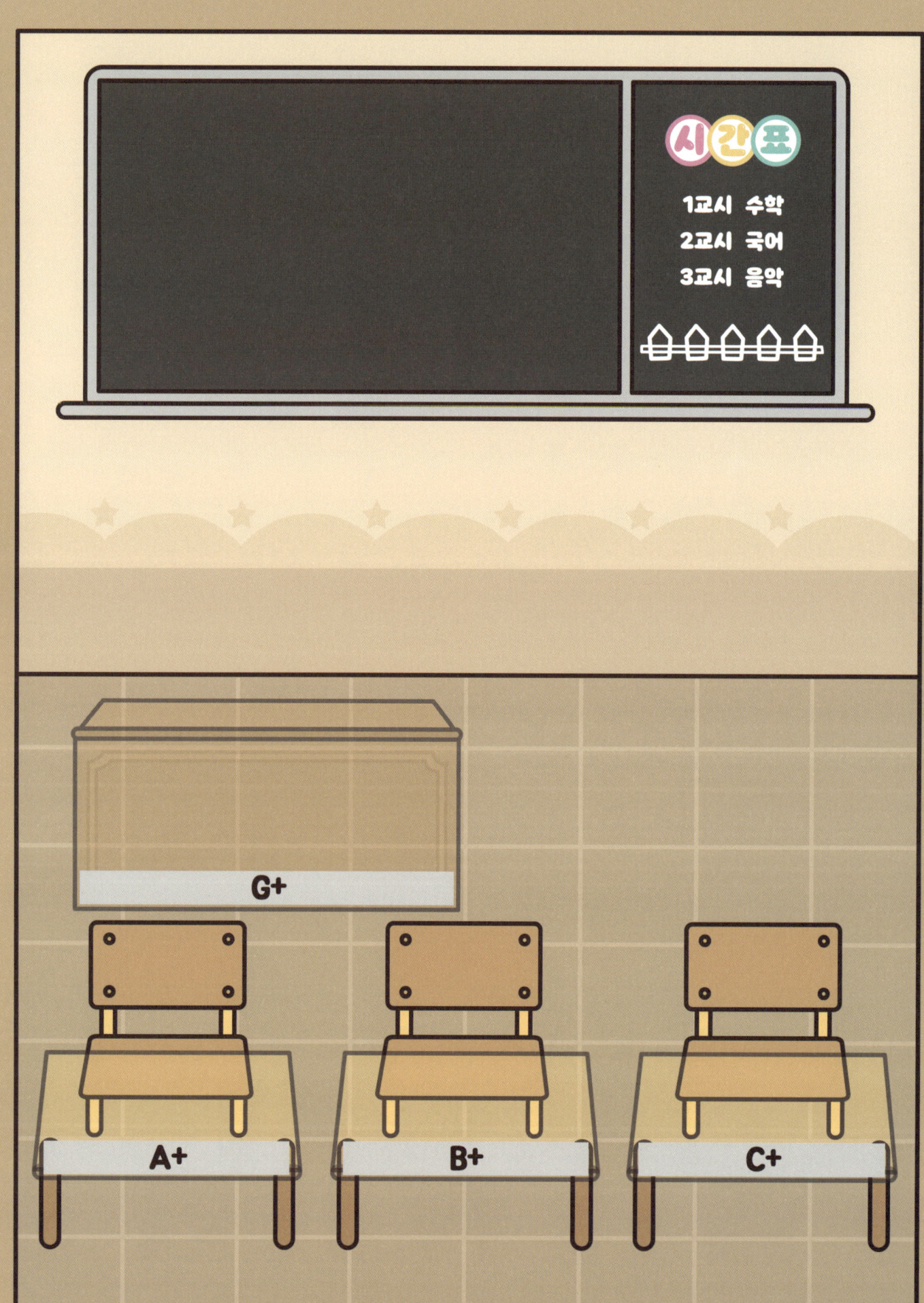

[학교선생님③]

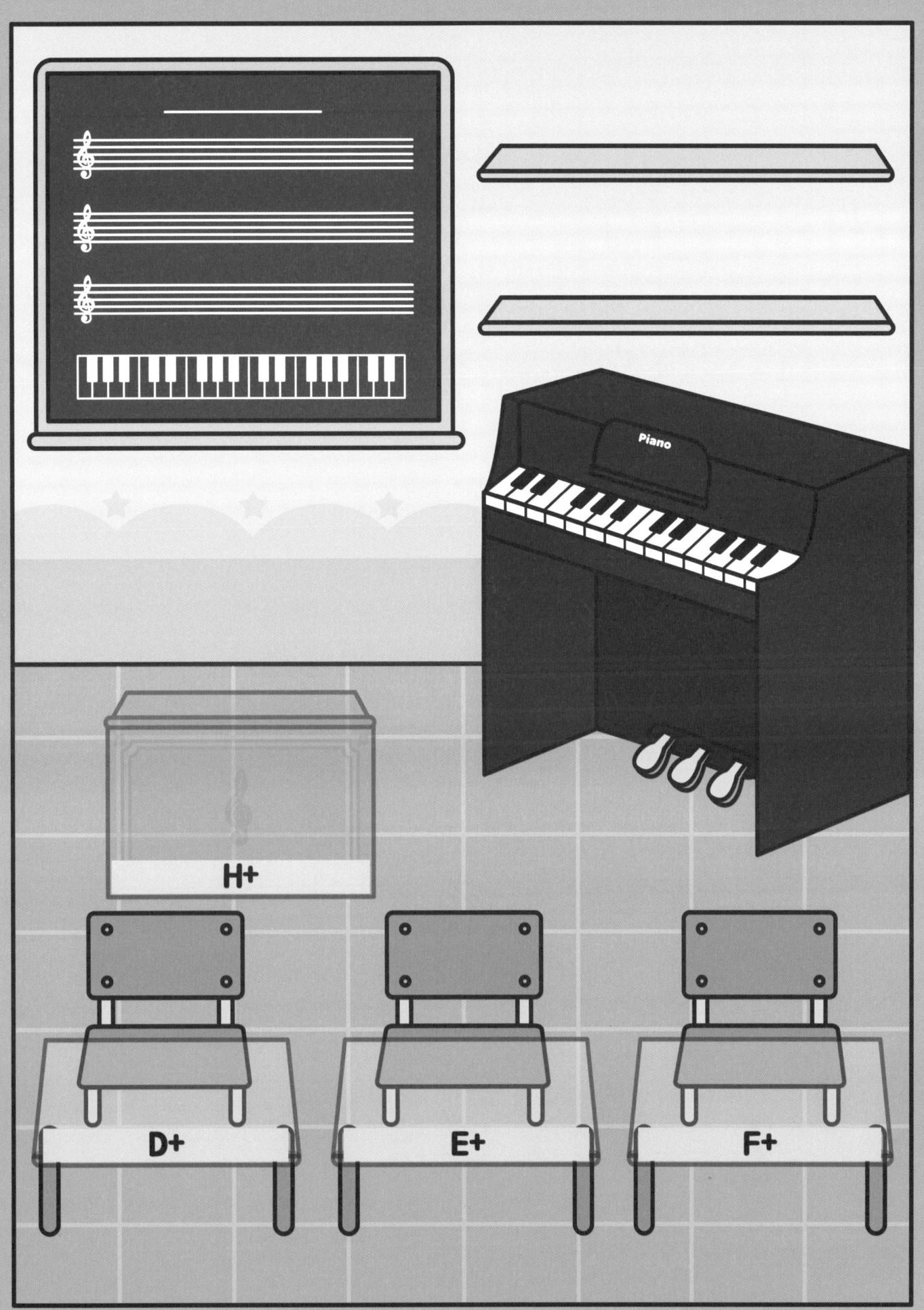

school teacher
학교 선생님

[학교선생님④]

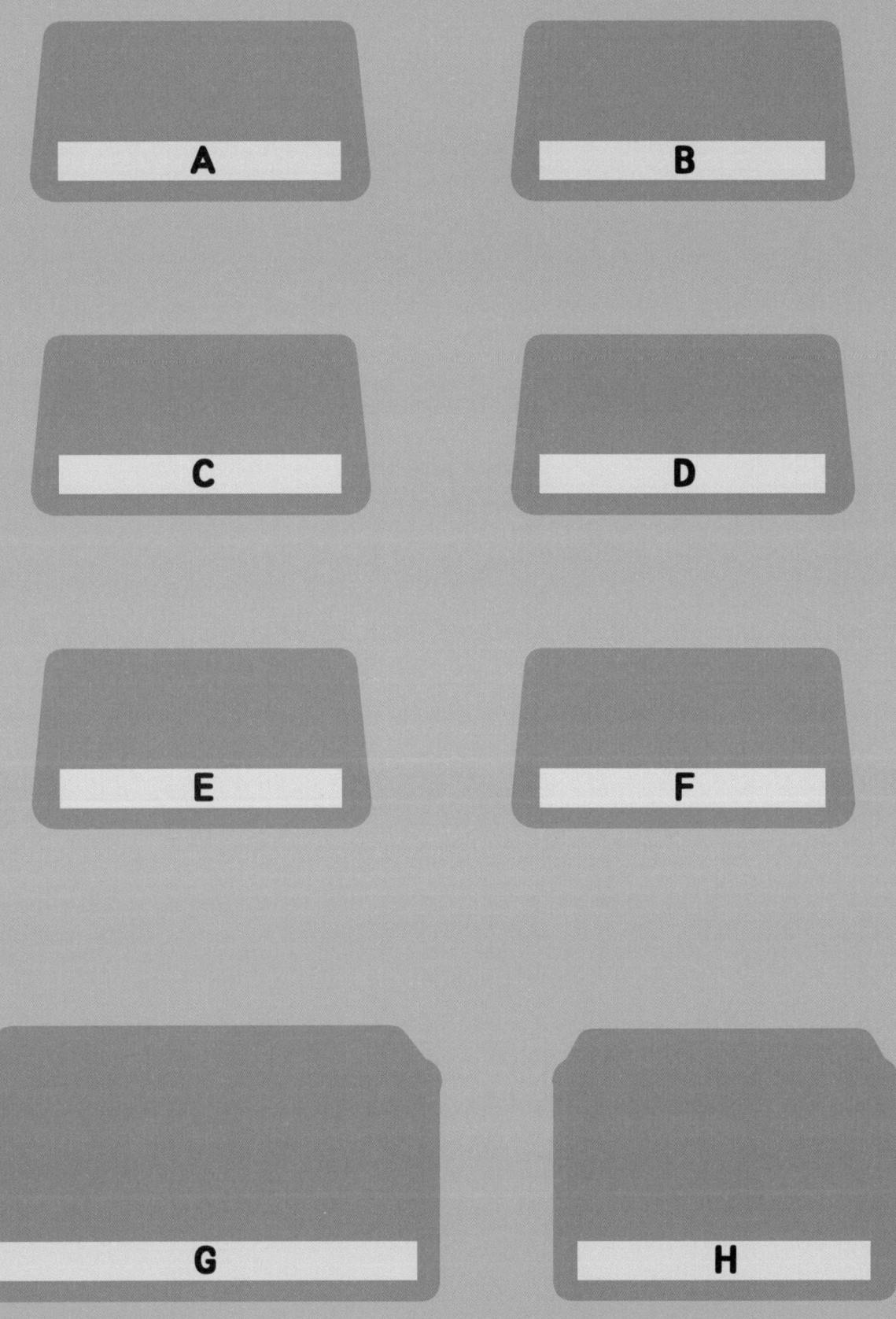

[학교선생님⑤]

[학교선생님 ⑥]

수학 시간

1 + 5 =   7 - 2 =
4 + 3 =   10 - 4 =
2 + 7 =   9 - 5 =
6 + 8 =   6 - 3 =

국어 시간

등잔 □이 어둡다.
□는 도끼에 발등 찍힌다.

밑   믿

Magician
마술사

[마술사④]

[마술사⑤]

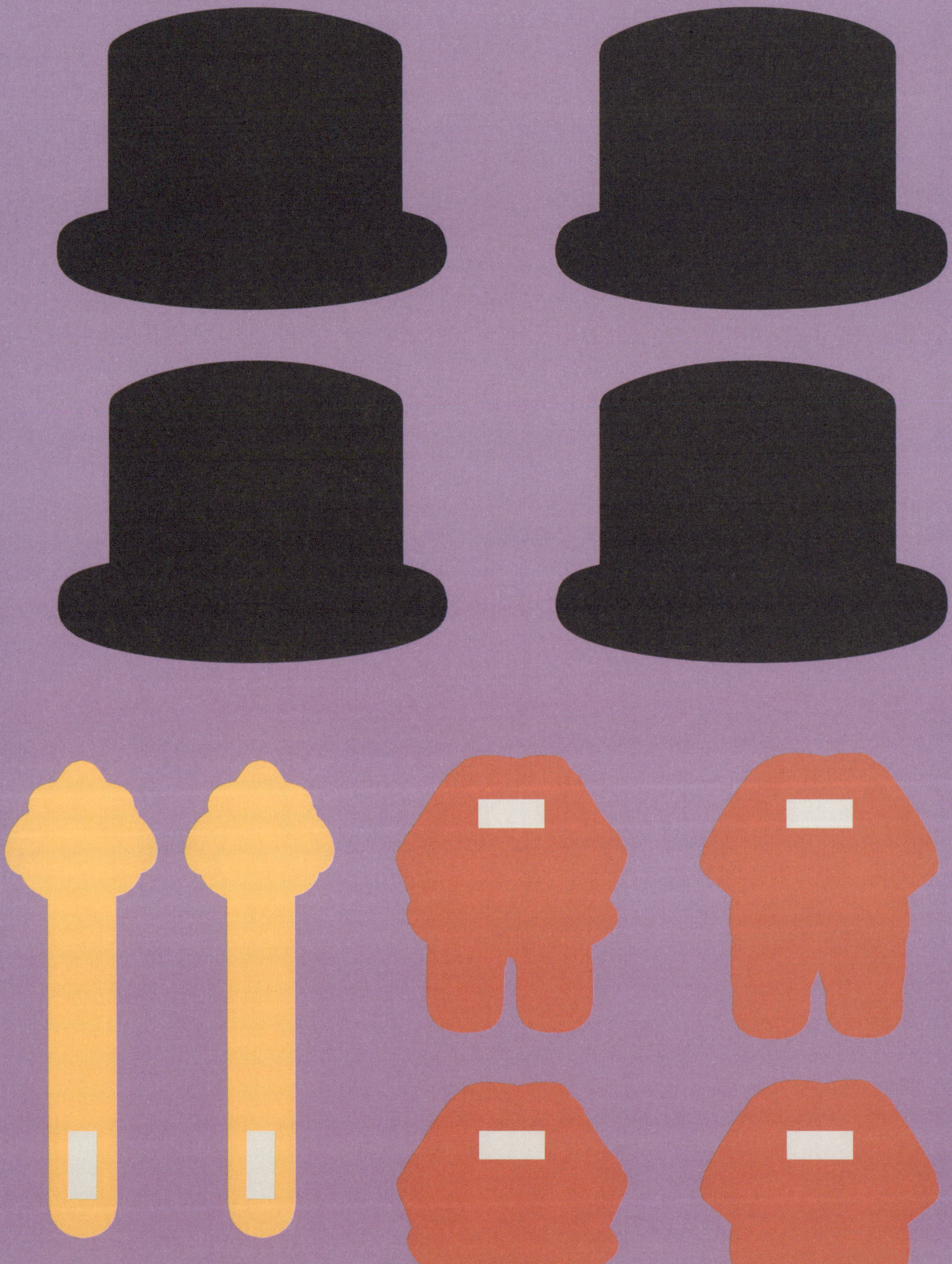

애견 미용사

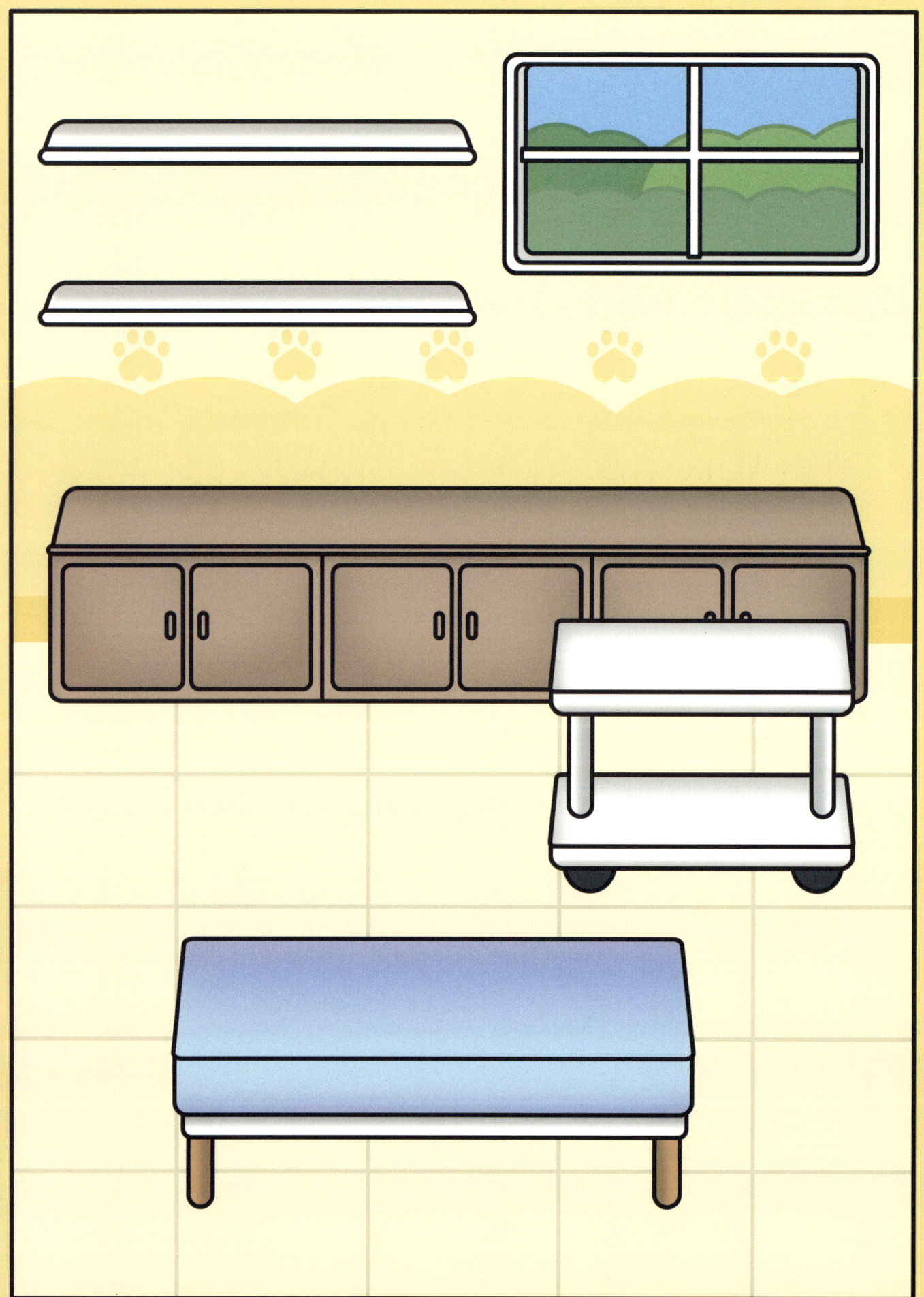

[애견미용사③]

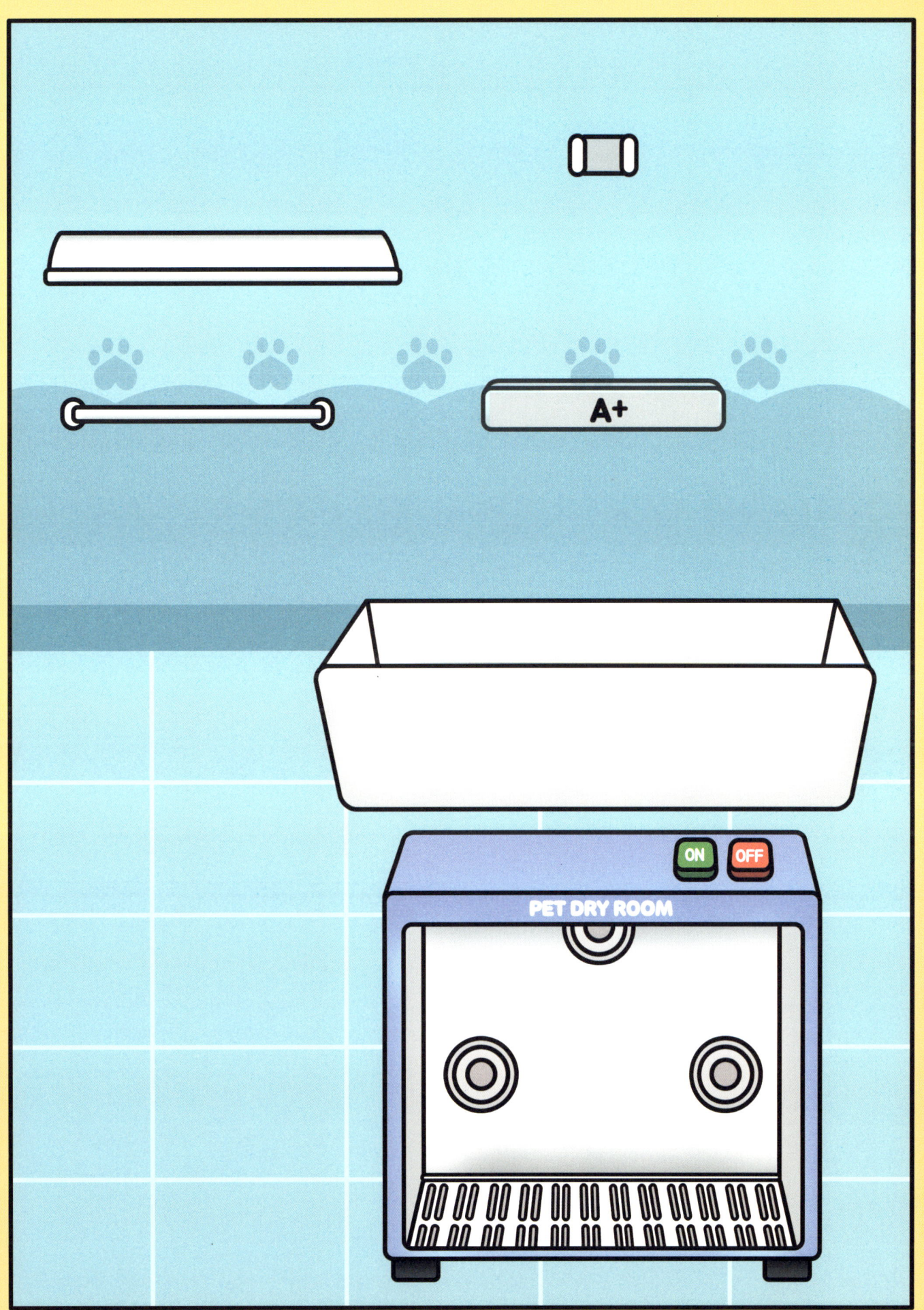

Pet dog hairdresser
애견 미용사

[애견미용사④]

[요리사①]

Chef
요리사

[요리사②]

[요리사④]

[요리사 ⑤]

[요리사 ⑥]

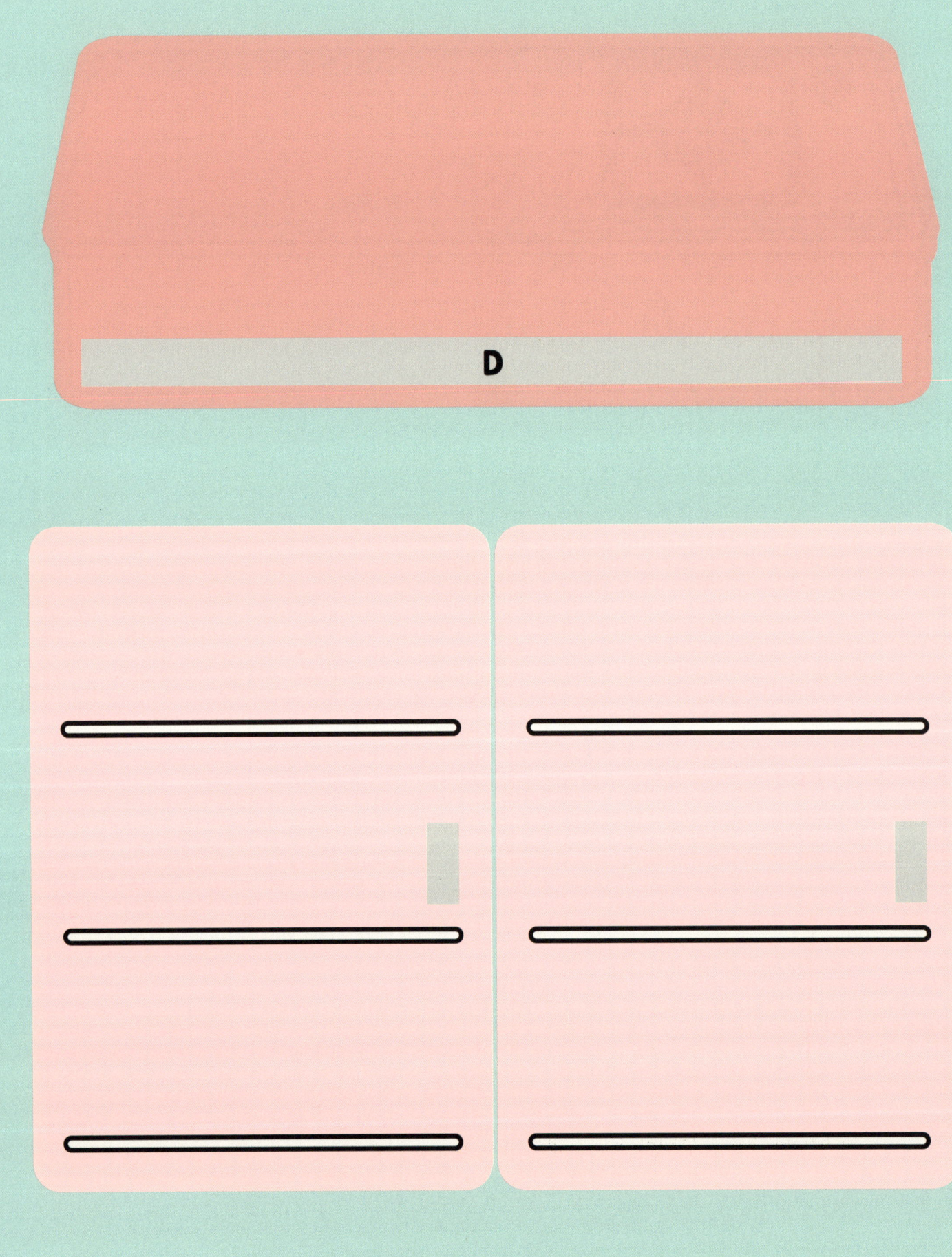

[요리사 ⑦]

[요리사⑧]

[요리사⑨]

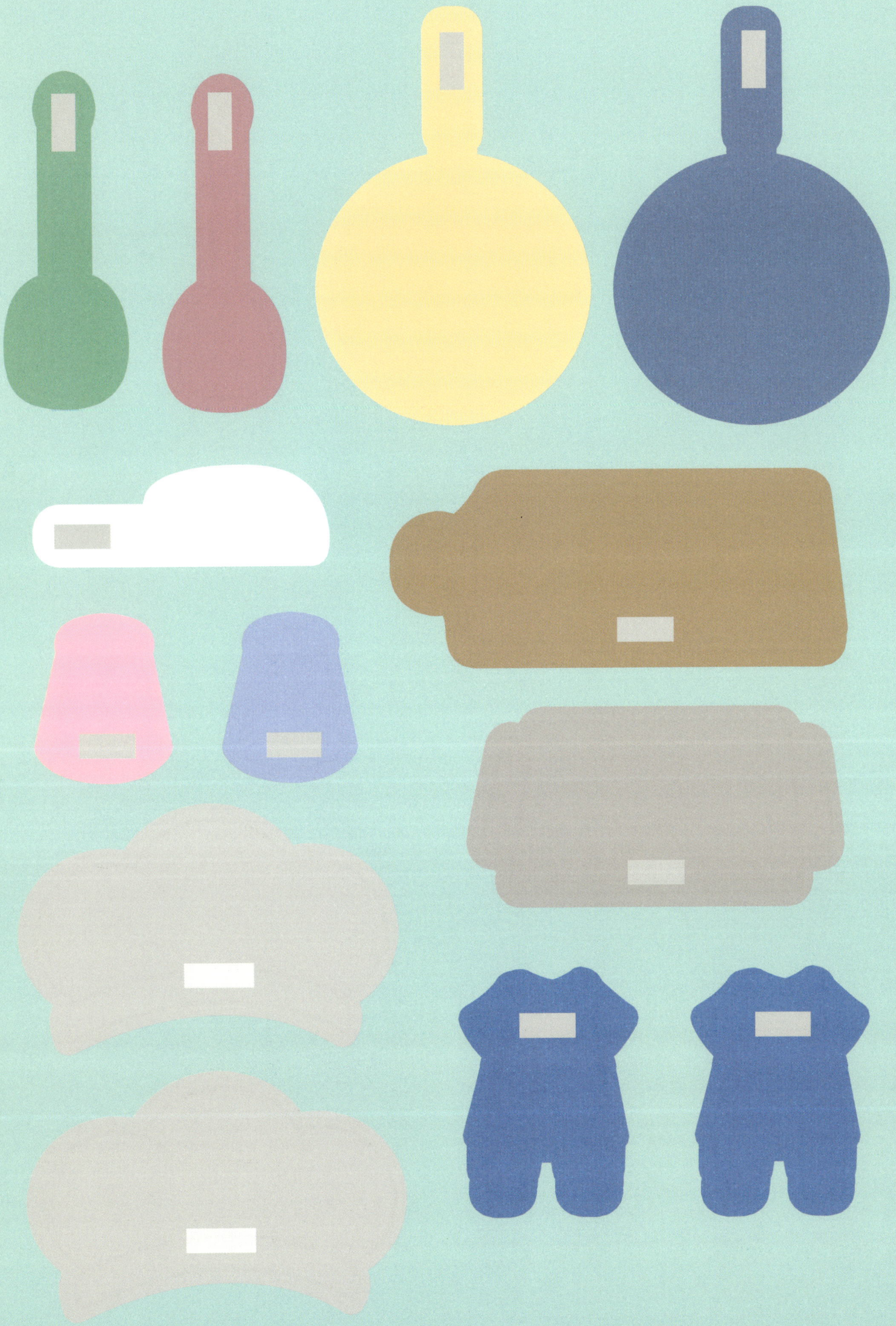

[아이돌①]

idol
아이돌

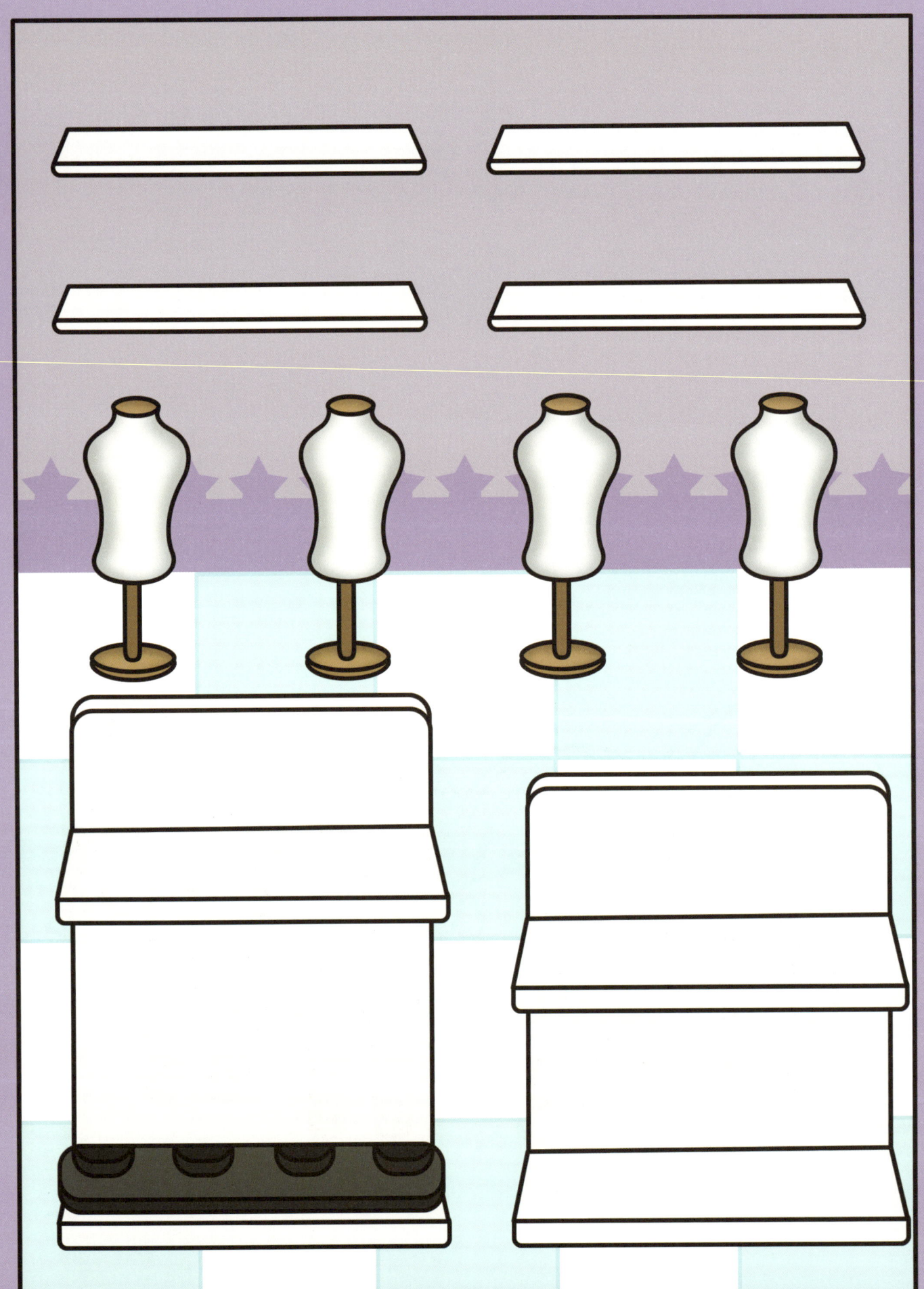

[아이돌②]

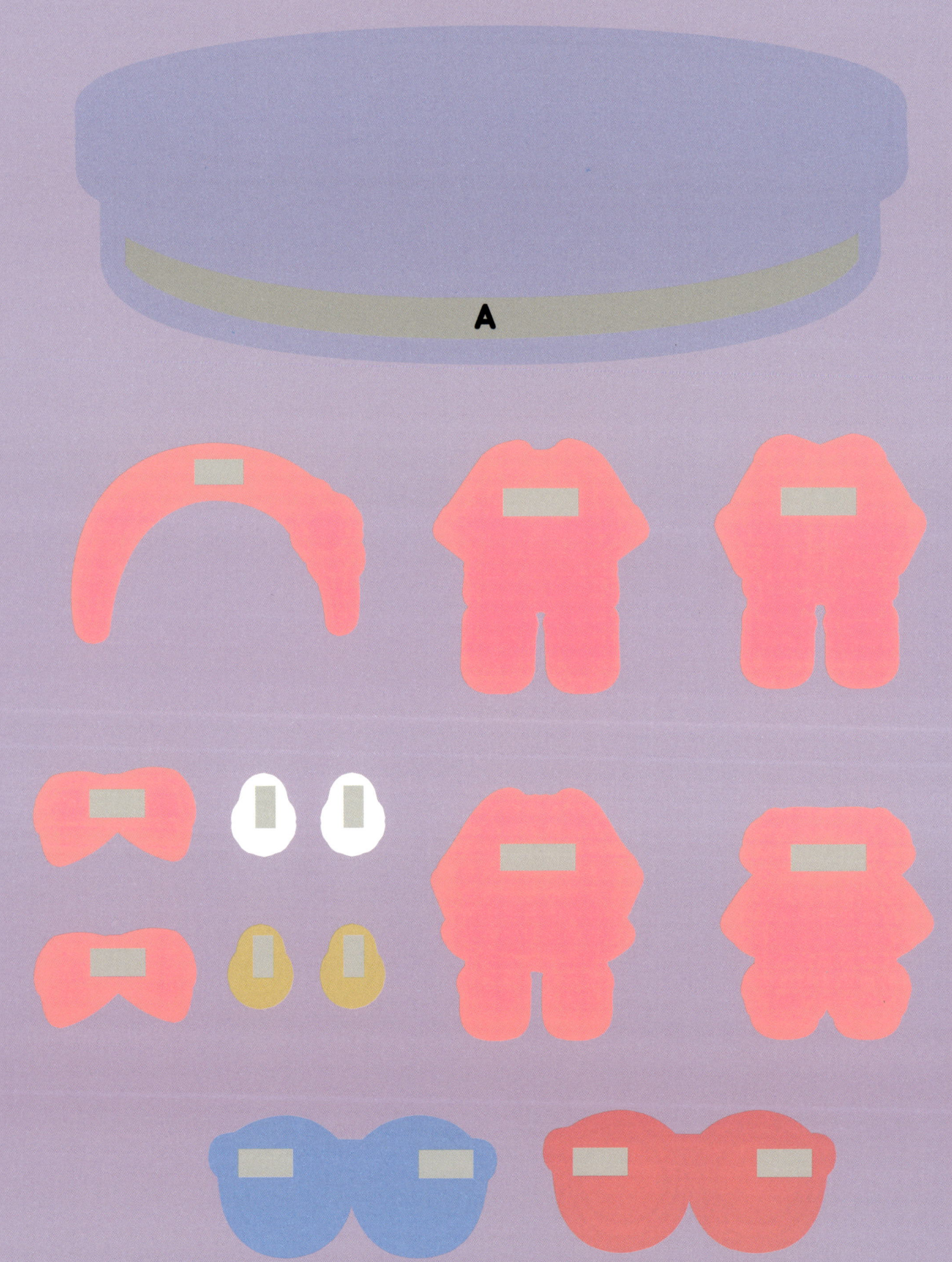
A

[아이돌⑤]